SABIDURÍA
PARA
PROSPERAR

PRINCIPIOS QUE GOBIERNAN EL ÉXITO

YADER E. SIMPSON

WHITAKER HOUSE *Español*

A menos que se indique lo contrario, todas las citas de la Escritura son tomadas de La Santa Biblia, versión Reina-Valera 1960 (RVR60), © 1960 Sociedades Bíblicas en América Latina; © renovado 1988 Sociedades Bíblicas Unidas. Usadas con permiso. Todos los derechos reservados. Las citas de la Escritura marcadas (RVA-2015) son tomadas de La Santa Biblia Reina Valera Actualizada) © 2015 por Editorial Mundo Hispano/Casa Bautista de Publicaciones. Usadas con permiso. Todos los derechos reservados.

Edición: Ofelia Pérez

Sabiduría para prosperar
Principios que gobiernan el éxito
ISBN: 978-1-62911-760-7
eBook: 978-1-62911-761-4
Impreso en los Estados Unidos de América
© 2016 por Yader Simpson

Whitaker House
1030 Hunt Valley Circle
New Kensington, PA 15068
www.whitakerhouseespanol.com

Por favor envíe sugerencias sobre este libro a: comentarios@whitakerhouse.com.

3 4 5 6 7 8 9 10 11 ᴜᴊ 22 21 20 19 18 17

AGRADECIMIENTOS

Quiero empezar expresando todo mi agradecimiento a mi Señor y Salvador Jesucristo, por cuya gracia soy lo que soy; por haberme tenido la confianza y la enorme paciencia en todo el proceso de formación que aún no acaba. Es por Su infinito amor, sabiduría y ayuda que esta obra ha sido posible.

Quiero dar las gracias a mis padres, Winston y Gladis Simpson, quienes tuvieron el cuidado de formar mis primeros años de vida para que yo llegara a ser lo que soy. Tengo un gran ejemplo en mi padre, quien llegó de Cuba a Nicaragua con $20 en el bolsillo, y llegó a ser en su momento Diputado de la Asamblea Nacional del país.

A mis nueve hermanos de sangre, principalmente Gladys y su amado esposo Allan, quienes jugaron un papel indispensable para concluir este libro, motivándome vez tras vez a plasmar mi pasión en esta obra.

A mis grandes amigos, Alejandro y Nadia Martínez, que me llevaron a hacer "pacto de honor", y pusieron todo su empeño para ayudarme a terminar este libro en tiempo récord.

A toda la hermosa congregación de JTP Kendall por su apoyo incondicional, por ser en quienes he visto cumplidos los resultados de los principios que explico en este libro; principalmente a los líderes de mi iglesia, mi equipo pastoral y el personal de mi oficina. Son ellos quienes me recuerdan todos los días que nadie alcanza cosas importantes, si no es porque tiene un equipo de primera línea.

A mis líderes espirituales, el Apóstol Oscar y Stella Agüero, por su guía en todos estos años, y por ser quienes me han inspirado a creer que con Dios todo es posible.

A mi amigo y compañero de ministerio, Pastor René Betancourt, quien ha sido un instrumento motivador esencial en mi carrera.

Por último, pero principalmente, doy gracias a mi esposa Noemí, mi dulce y sabia compañera, la Miss Universo de mi corazón, quien llegó a mi vida no a completarla, sino a hacerla trascender. Ella es quien ha estado conmigo paso a paso durante esta jornada. Su amor, comprensión y sabiduría me ayudaron a acomodar mis ideas, y poderlas escribir.

Y por supuesto, a mis dos hijos, Yader y Winston. Ellos son mi inspiración cada mañana. Su enorme cantidad de energía, y su comprensión de tener un padre que es pastor y conferencista, me ayuda todos los días a recordar que lo más importante de mi vida en esta tierra lo tengo en casa.

CONTENIDO

INTRODUCCIÓN

Una mañana del año 1940, en una ciudad llamada Victoria De Las Tunas ubicada en el campo en la parte oriental de Cuba, Winston Simpson, quien llegaría a ser mi padre, y su hermano Aston, habían sido enviados por su madre a sacar agua del pozo para las necesidades de la casa. Cuando metieron la vieja cubeta dentro del pozo, sujetada por la cuerda, se dieron cuenta que el nivel del agua estaba demasiado bajo porque el agua no alcanzaba a meterse en la cubeta. No había más cuerda para hacerla descender, así es que a mi futuro tío se le ocurrió hacer una oración y dijo: "Señor, te ruego que por favor hagas crecer dos pulgadas el nivel del agua, solamente dos pulgadas, Señor, para poder sacar un poco de agua". Winston quedó pensativo por un rato escuchando la oración de su hermano mayor, y cuando este hubo terminado le preguntó: "Aston, ya que le estamos pidiendo a Dios que suba el nivel del agua, ¿no sería mejor pedirle que la suba dos metros en vez de solamente dos pulgadas?". Esa historia me la contó mi padre varias veces a lo largo de mi crecimiento, e ilustra perfectamente el contenido de este libro. Si le vamos a pedir a Dios que nos bendiga, ¿por qué pedirle poco a un Dios que nos promete tanto?

> **SI LE VAMOS A PEDIR A DIOS QUE NOS BENDIGA, ¿POR QUÉ PEDIRLE POCO A UN DIOS QUE NOS PROMETE TANTO?**

No hay nada de malo con querer ser rico, porque ese

deseo nace de la inclinación natural por superarse que el mismo Dios puso dentro de cada ser humano. La Biblia dice:

> *Las riquezas y la gloria proceden de ti* [Dios], *y tú dominas sobre todo; en tu mano está la fuerza y el poder, y en tu mano el hacer grande y el dar poder a todos* (1 Crónicas 29:12).

Este pasaje es la base que nos llevará a descubrir en este libro las siguientes verdades:

Dios es la fuente de toda riqueza.

La pobreza no es parte del plan de Dios.

Todos podemos ser ricos, porque todos tenemos acceso a Dios.

El deseo de Dios

Dios no quiere ni está de acuerdo con que Sus hijos sean pobres. Él no los quiere ver con las manos vacías. Por el contrario, Él desea verlos prosperar. Pero no depende solamente de lo que Dios piense o quiera. También depende de que los hijos de Dios tomen la decisión de vivir en Su voluntad. Le daré un ejemplo. Yo quiero que uno de mis dos hijos llegue a ser presidente de esta gran nación, pero el solo hecho de que yo lo desee no es suficiente; también debo respetar las decisiones que mis hijos tomen en su camino. Si ellos el día de mañana se quieren dedicar al deporte, o a la medicina, o a cualquier otra carrera, como padre tengo límites que no puedo violar en cuanto a las decisiones que ellos tomarán para su propio futuro. Así es que me limito a transmitirles mis deseos, pero la decisión sigue siendo de ellos. La Biblia dice:

> *Amado, yo deseo que tú seas prosperado en todas las cosas, y que tengas salud, así como prospera tu alma* (3 Juan 1:2).

Al igual que con mis hijos, no depende solo de lo que el Padre piensa o desea. Nosotros como hijos debemos tomar una decisión, y aplicar los principios necesarios para materializar ese deseo. Todos los seres humanos estamos sujetos a una ley llamada "causa y efecto". Cada vez que consciente o inconscientemente ponemos en marcha una ley, inevitablemente acarrearemos las consecuencias, sean buenas o malas. Ignorar las leyes de ningún modo nos exime de las consecuencias, y aplicarlas producirá los resultados inalterablemente.

De eso se trata este libro. Es un desafío a comenzar a vivir en los niveles que Dios quiere que vivamos, aplicando los principios universales establecidos en Su Palabra, que gobiernan el éxito de las

> CADA VEZ QUE PONEMOS EN MARCHA UNA LEY ACARREAREMOS LAS CONSECUENCIAS BUENAS O MALAS.

personas. Me viene a la mente la vieja pregunta que hacían mis abuelos:

"¿Por qué conformarse con menos?".

CAPÍTULO 1

TRANSFORMACIÓN PARA EL ÉXITO

LAS PERSONAS CAMBIAN CUANDO SE DAN
CUENTA DEL POTENCIAL QUE TIENEN PARA
CAMBIAR LAS COSAS. –PAULO COELHO

De todas las lindas memorias de mi niñez, posiblemente las más gratas son las de las reuniones que se hacían para recibir el Año Nuevo. En este tiempo era cuando toda la familia se juntaba. Primos, tíos y demás parientes viajaban para que estuviéramos juntos el treinta y uno de diciembre a las doce de la noche. Las comidas especiales que se preparaban para ese día eran espectaculares. Todo el mundo vestía su ropa más especial, y la idea era siempre reunirse desde un par de horas antes y bailar hasta la media noche. Cuando llegaba el momento de los saludos y abrazos, la confusión era divertida porque éramos tantas personas que ya no sabíamos a quién habíamos abrazado y a quién no. Junto con aquel abrazo, no faltaba la frase: "Feliz Año Nuevo".

Ya pasaron los años, dejé de ser niño, y he visto que llegar al comienzo de un nuevo año es una fiesta mundial. Todas las familias se reúnen, hay fiestas por doquier, alegría, música, comidas, y muchas cosas que hacen de esa temporada mi época favorita del año. Pero además he descubierto que hay otras cosas que se le añaden a toda esa emoción, y es, en la mayoría de las personas, el entusiasmo y la esperanza de un nuevo comienzo. Tal pareciera como si la vida nos estuviera dando una nueva oportunidad. Puedo notar en las personas una mirada de expectación que les hace brillar los ojos. En ese momento las personas se proponen metas, y hacen determinaciones de cosas que no serán iguales en ese nuevo año.

Lo que a veces sucede es que al pasar de los días, son muchos los que descubren que aunque el calendario cambie, muchas cosas aún no cambian, sobre todo cuando el cambio que se espera depende del resultado de una determinación, y el esfuerzo de una vida comprometida. Es por eso que debemos meditar en esta pregunta: ¿Qué es lo que, en realidad, debe cambiar para que todo cambie? La respuesta a esta pregunta

> ¿QUÉ DEBE CAMBIAR PARA QUE TODO CAMBIE?

no es sencilla, pero llegar a ella podría abrir en un instante el camino a la prosperidad y al éxito genuino para cualquier ser humano.

Señor, ayúdame, pero no me cambies.

En La Biblia hay una historia de un hombre que llegó a ser rey de Israel; su nombre es Jeroboam. Su reino fue estable y próspero hasta que un día comenzó a hacer cosas que desagradaron a Dios. Él edificó dos becerros, y guió al pueblo a adorarlos diciendo que esos eran sus dioses. Como consecuencia de su pecado, Dios envió un profeta a amonestarlo, el cual vino y encontró a Jeroboam ofreciendo incienso a dioses extraños.

Acto seguido, el profeta dio la palabra de juicio contra el rey, y dijo que como señal, se quebraría aquel altar en el que estaban ofreciendo incienso. Inmediatamente el altar se quebró, y la ceniza que estaba sobre el altar se derramó, conforme a la palabra que aquel profeta había dado. Cuando el rey vio todo lo que estaba sucediendo, extendió su mano, y dio la orden a sus guardias que prendieran a aquel profeta. Mientras él daba la orden, la mano que había extendido se le secó, y no pudo moverla más. Fue una escena espantosa, y en seguida el rey comenzó a rogarle al profeta que por favor orase por él para que Dios le sanara la mano que se le había secado. La Biblia enseña que aquel varón de Dios oró por la mano del rey, esta le fue sanada de inmediato, y se le restauró.

La Biblia dice:

> *Entonces respondiendo el rey, dijo al varón de Dios: Te pido*
> *que ruegues ante la presencia de Jehová tú Dios, y ores por*

mí, para que mi mano me sea restaurada. Y el varón de Dios oró a Jehová, y la mano del rey se le restauró, y quedó como era antes (1 Reyes 13:6).

Lo curioso de toda esta tremenda historia es que el rey Jeroboam tuvo la oportunidad de encontrarse con un hombre que se movía en lo sobrenatural. Tuvo la oportunidad de ver señales que le confirmaron la existencia de un Dios vivo. Pudo escuchar un mensaje que debió llevarle a reconectarse con Dios, y fue testigo de milagros. Su fe se volvió muy fuerte, tan fuerte que hizo una plegaria, y esta fue contestada instantáneamente. Pero lo curioso de todo esto es que la plegaria no fue para cambiar, sino solamente para que Dios le sanara. De hecho, la Biblia afirma que después de recibir el milagro de sanidad y restauración en su mano, las cosas no cambiaron:

> *Con todo esto, no se apartó Jeroboam de su mal camino, sino que volvió a hacer sacerdotes de los lugares altos de entre el pueblo, y a quien quería lo consagraba para que fuese de los sacerdotes de los lugares altos. Y esto fue causa de pecado a la casa de Jeroboam, por lo cual fue cortada y raída de sobre la faz de la tierra* (1 Reyes 13:33-34).

Este rey hizo la oración que yo llamo: "Señor, ayúdame, pero por favor, no me cambies". Creo que esa es una oración muy popular en muchas personas que se acercan a Dios. Sus intenciones no son cambiar de vida, sino cambiar las cosas que no les dejan disfrutar su vida. Ellos se acercan a Dios con fe, pero no con la intención de cambiar en su vida aquellas cosas que no les permiten tener éxito. Como decía el escritor ruso Alexei Tolstoi: "Todos piensan en cambiar el mundo, pero nadie piensa en cambiarse a sí mismo".

Este es el tipo de personas que:

+ Andan en busca de sanidad, pero no del Sanador.
+ Andan en busca de provisión, pero no del Proveedor.
+ Andan en busca de la prosperidad, pero no del que prospera.
+ Andan en busca del perdón, pero no del que hace a las personas nuevas criaturas.

El rey Jeroboam terminó muy mal sus días. Las consecuencias de aquellos errores que él no estuvo dispuesto a cambiar, luego tuvo que pagarlas con creces en su vida y la de su hijo. Las lecciones que nos deja su historia son muy productivas para enseñarnos que a Dios hay que acercarse de forma sincera, buscando ser transformados.

Transformación para el éxito

Todo en la vida está sujeto a cambios. Absolutamente todo lo que ha sido creado cambia. Los seres humanos no somos la excepción. Todos cambiamos en la parte externa al pasar del tiempo; los años no permiten que nada quede exactamente igual. Como lo decía el filósofo Heráclito de Éfeso: "Nadie se baña en el mismo río dos veces porque todo cambia en el río y en el que se baña".

Sin embargo, en la parte interna, los cambios no son necesariamente consecuencia del tiempo, sino que vienen como consecuencia de decisiones conscientes que deben tomarse para que se puedan efectuar los cambios. Como lo dice mi amigo, el pastor Jimmy Cornejo, en sus conferencias para hombres: "Envejeces con el tiempo, pero la madurez solo llega con la determinación". El ser humano necesita decidir traer cambios en su parte pensante para poder ver resultados en su estilo de vida. Traer esos cambios a la mente y los pensamientos no es nada sencillo. El apóstol Pablo, inspirado por Dios, lo escribió así:

> No os conforméis a este siglo, sino transformaos por medio de la renovación de vuestro entendimiento, para que comprobéis cuál sea la buena voluntad de Dios, agradable y perfecta (Romanos 12:2).

La voluntad de Dios es buena, agradable y perfecta, pero solo puede ser experimentada después de una transformación total del comportamiento que comienza con cambiar nuestro entendimiento. Es por eso que transformar a un ser humano es una tarea que demanda un esfuerzo enorme en lo íntimo de su ser, donde se razonan y se procesan los pensamientos. Esto no es algo sencillo de lograr. A Moisés le tomó cuarenta años tratar de hacerlo con sus hermanos judíos y murieron todos, pero nunca logró cambiarlos. Los cuerpos de los israelitas salieron de Egipto, pero sus mentes se quedaron allá. Eran libres de las cadenas de Faraón, pero nunca fueron libres de las cadenas mentales que les mantuvieron alejados de las promesas de Dios para sus vidas. Faraón soltó sus cuerpos, pero la mente debía ser desatada por ellos mismos.

Esto es en esencia lo que enseña el apóstol Pablo: para experimentar lo que Dios tiene para nosotros, primero debemos ser transformados. El verdadero éxito demanda cambios genuinos que nacen de una transformación de la manera en que un ser humano piensa. La Biblia es clara en cuanto a que lo que maneja la conducta, y por consecuencia, la vida de los seres humanos, son los pensamientos. Cuando cambian nuestros pensamientos, cambian nuestras actitudes; cuando cambian nuestras actitudes, cambian nuestras acciones; y cuando cambian nuestras acciones, cambia nuestro estilo de vida.

> EL VERDADERO ÉXITO DEMANDA CAMBIOS GENUINOS QUE NACEN DE UNA TRANSFORMACIÓN.

Los judíos que salieron de Egipto por mano de Moisés fueron testigos de milagros extraordinarios. Habían estado más de cuatrocientos años esclavizados y oprimidos por la mano de Faraón y sus siervos. Pero a través de la intervención divina fueron sacados de allí, y cuando salieron iban con sus manos llenas de riquezas en abundancia. Ya eran libres, ya tenían riquezas, ya sabían que Dios hace milagros. Ahora experimentaban la manifestación sobrenatural de la misma presencia de Dios sobre ellos. A pesar de todo esto, ellos nunca cambiaron su forma de pensar. Este tipo de cambios demanda una decisión personal escrupulosa y muy madura que nos lleve a ser consistentes en el compromiso de cambiar. Lamentablemente, después de cuarenta años de andar errantes por el desierto, murieron todos los que salieron de Egipto, y nunca entraron a la tierra que Dios prometió. No porque estuviesen demasiado lejos de aquel lugar prometido, por el contrario, sino porque la forma en que ellos pensaban traía como consecuencia actitudes y un estilo de vida no compatible con lo que Dios quería darles.

El caso de Salomón

Salomón fue un joven que necesitaba de esa transformación para el éxito. Esto lo aseguramos por lo que su mismo padre, el rey David, dijo de Salomón, en ocasiones en privado, y en otras públicamente:

> Entonces dijo David: "Mi hijo Salomón es joven e inmaduro, y la casa que se ha de edificar al Señor ha de ser grande y sublime, para renombre y gloria en todos los países. Yo, pues, haré los preparativos para él". Y antes de su muerte David hizo muchísimos preparativos (1 Crónicas 22:5 RVA-2015).

> Después el rey David dijo a toda la congregación: "Solo a mi hijo Salomón ha elegido Dios. Él es joven e inmaduro, y la obra es grande; porque el templo no será para hombre sino para el Señor Dios (1 Crónicas 29:1 RVA-2015).

El rey David no está afirmando que su hijo sea un tonto. Solo está reconociendo que para lograr que se cumplieran los planes de Dios para Salomón, entre los cuales estaba hacerlo el hombre más acaudalado del mundo, hacía falta la transformación mental que muchos seres humanos necesitan. Las palabras que usa el rey para referirse a esa necesidad es *"joven e inmaduro"*. Lo que esto significa es que Salomón necesitaba el desarrollo físico y mental como persona a cargo de un proyecto que prometía ser muy productivo. Es por eso que aquel joven inmaduro emprende, como primer acto en su gobierno, un viaje hacia el monte Gabaón con la intención de encontrarse con Dios y pedirle sabiduría.

Sabiduría es precisamente lo opuesto a la inmadurez. Salomón estaba muy bien instruido por su padre, de que si quería ver sus sueños financieros hechos realidad, tenía que buscar a Dios y Su sabiduría, con todo su corazón. Salomón realizó aquella travesía impulsado por la determinación a no quedarse como un joven inmaduro más. Él sabía que llegar a una posición o tener un título no era suficiente. Hacía falta aquel elemento esencial que transforma la mente de los seres humanos, y los hace personas eficaces y exitosas. Ese elemento es la sabiduría.

> LA SABIDURÍA ES EL ELEMENTO ESENCIAL QUE TRANSFORMA LA MENTE, Y NOS HACE PERSONAS EFICACES Y EXITOSAS.

¿Qué es sabiduría?

Es bueno aclarar que el término sabiduría es mucho más que un mero conocimiento intelectual, o lo que llamamos inteligencia. La sabiduría sobrepasa la inteligencia desde muchos ángulos, pero principalmente por el hecho de que la fuente de la sabiduría es divina, y la fuente de la inteligencia es humana. He aquí algunas diferencias:

- La inteligencia nos dice lo que está sucediendo. La sabiduría nos dice por qué sucede.

- La inteligencia nos da los hechos. La sabiduría nos dice qué hacer con ellos.

- La inteligencia se limita a las capacidades mentales humanas. La sabiduría tiene como fuente la mente de Cristo.

- La inteligencia se basa en lo que podemos percibir con los cinco sentidos. La sabiduría es la guía misma del Espíritu Santo.

- La inteligencia nos invita a hacer lo que colectivamente se define como correcto, racional y probable. La sabiduría no siempre nos lleva a hacer lo que es popular, pero sí lo que es correcto desde el punto de vista bíblico.

✦ La inteligencia nos guía a hacer cualquier cosa que funcione. La sabiduría nos lleva a obedecer la infalible Palabra de Dios.

Dios, movido por aquella pasión de aquel joven inmaduro decidido a no ser igual, decidió aparecerse en sueños a Salomón, y le hizo un reto jamás oído antes. La Biblia dice:*"Y aquella noche apareció Dios a Salomón y le dijo: Pídeme lo que quieras que yo te dé"* (2 Crónicas 1:7).

Ahora Salomón tiene la oportunidad de su vida para expresar lo que su alma desea y busca. Ya tiene lo que muchos buscan y quieren: posición, prestigio, título, seguidores, poder, servidores, palacio, reconocimiento. Pero él no estaba satisfecho con eso, sino que pretendía asegurarse de que todo lo que Dios tenía prometido y ofrecido para su vida tuviera su fiel cumplimiento. Su respuesta a Dios lo dice todo:

> *Dame ahora sabiduría y ciencia, para presentarme delante de este pueblo; porque ¿quién podrá gobernar a este tu pueblo tan grande?* (2 Crónicas 1:10).

La historia bíblica enseña que Dios le concedió la petición a aquel joven inmaduro, y como consecuencia se convirtió en el hombre más rico de toda la historia de los seres humanos, antes y después de él. La fama de Salomón fue tan grande que los reyes de todas las naciones de la tierra hacían grandes travesías para conocerlo. La sabiduría lo llevó a tener tanta influencia y poder, que aun sus enemigos le servían, y le colaboraban con finanzas y recursos para construir su propia casa.

La pregunta que hay que hacerse es esta: ¿Cuándo comenzó la transformación de Salomón? ¿Sería cuando se le apareció Dios en el monte Gabaón? ¿O quizás cuando Dios le dio lo que pidió? Yo estoy convencido que la transformación comenzó mucho antes que eso. Empezó cuando aquel joven inmaduro se determinó a no seguir siendo la misma persona, cuando se dijo a sí mismo: "No quiero ser igual, no quiero ser uno más, me rehúso a ser del montón". Empezó con la determinación de dejar de ver aquello que Dios tenía para él como solamente una ilusión pasajera. Él quería hacer realidad aquella visión, y para eso necesitaba un cambio.

Todos necesitamos un cambio

Ester, la famosa heroína de La Biblia, no siempre fue una reina. Primeramente la encontramos en la historia como una esclava y huérfana de ambos padres, a quienes aseguran haber dado muerte frente a los ojos de la niña. Pero fue transformada. Su corazón estuvo dispuesto a no quedarse con los traumas de haber perdido a sus padres, o al hecho de vivir en una nación extranjera, o a la desdicha de ser una esclava. Experimentó una transformación, y llegó a ser reina de la nación donde comenzó como esclava.

Saúl, quien llegó a ser el primer rey de Israel, no siempre tuvo lo necesario para reinar. La Biblia dice que "*era de la más pequeña de las tribus de Israel"* (1 Samuel 9:21). Pero después de una experiencia con Dios y un mensaje que recibió del profeta Samuel, la Biblia dice que fue *"mudado en otro hombre"* (1 Samuel 10:6), y así llegó a ser el primer rey de Israel.

José, quien llegó a ser primer ministro de Egipto, no nació preparado para hacer ese trabajo. Aunque soñaba desde muy niño llegar allí, tuvo que ser procesado y transformado para llegar a tan alta posición.

David, el segundo rey de Israel y escritor de la mayoría de los Salmos, era una persona de quien se llegó a decir que tenía un corazón conforme al corazón de Dios. Al igual que los anteriores, tampoco nació listo para matar gigantes y reinar sobre una nación. Primero tuvo que ser procesado y transformado de pastor de ovejas a rey del pueblo de Dios.

La lista es muy larga, tanto de los personajes bíblicos como de muchos otros héroes de nuestros tiempos, quienes se dejaron formar. Cambiaron sus pensamientos y se convirtieron en triunfadores, aunque no nacieron siéndolo. El Cardenal John H. Newman dijo: "En un mundo superior puede ser de otra manera, pero aquí abajo, vivir es cambiar, y ser perfecto es haber cambiado muchas veces".

La meta de este libro es guiar al lector a través de lecciones prácticas que le ayuden a procurar esos cambios radicales en su vida. Estos pretenden traer como consecuencia una transformación para el éxito. Fue Albert Einstein quien dijo que: "Locura es hacer la misma cosa una y otra vez, esperando obtener diferentes resultados". Para producir resultados distintos en nuestras finanzas o en cualquier otra área de nuestra vida, debemos adoptar nuevos y mejores métodos que nos ayuden a conseguir nuestras metas. Las herramientas que te estaremos entregando en este libro tienen la garantía y el respaldo de la Palabra de Dios. Por lo tanto, invitamos al lector a tener un corazón enseñable y abierto para ser instruido en una ruta hacia la transformación financiera a través de *Sabiduría para Prosperar.*

CAPÍTULO 2

LA FORMACIÓN DE LA SABIDURÍA

LOS POBRES Y LA CLASE MEDIA TRABAJAN PARA
GANAR DINERO. LOS RICOS HACEN QUE EL DINERO
TRABAJE PARA ELLOS. —ROBERT KIYOSAKI

El reto más grande en la vida no es triunfar, sino saber cómo hacerlo. Cualquiera puede triunfar con un golpe de suerte, pero saber triunfar demanda precisamente eso: "saber". Es allí donde la sabiduría se hace necesaria. Llevando este concepto al tema de las finanzas podemos hacer la misma aplicación. Cuando alguien quiere triunfar financieramente, el asunto no es querer dar un golpe de suerte, como quien juega a la lotería y se saca el premio mayor, sino descubrir y aprender a manejar los principios que hacen que el éxito financiero sea algo natural y sostenido.

Nos gusta lo bueno

El día sábado es muy especial para mi familia. Por causa de mi agenda y conferencias, no siempre tengo la

> EL RETO MÁS GRANDE EN LA VIDA NO ES TRIUNFAR, SINO SABER CÓMO HACERLO.

oportunidad de estar con ellos, pero cuando estamos juntos la sabemos pasar bien. Tratamos de desayunar juntos, y salir a algún lugar. Fue en uno de esos días que salimos a comer juntos y gastar un poco de combustible en las afueras de nuestra ciudad en Miami, cuando pasamos por cierta urbanización que nos llamó mucho la atención por el tamaño y la belleza de sus casas.

Cada vez que mirábamos una, nos deteníamos unos segundos a admirarla, y decir en qué nos parecía esta casa mejor que las demás. Por supuesto, en aquel juego no faltó la intervención de mis hijos (14 y 9 años en ese momento) que se estaban "peleando" entre ellos y decían: "Esa es la mía", y el otro contestaba: "Yo la vi primero". Hasta que llegábamos a otra casa, y todos teníamos algo bueno qué decir. Esa noche al llegar a casa, después de acostar a mis hijos y dedicarme a reflexionar un poco, fue cuando esta experiencia cobró mucho sentido. Me di cuenta que todos los seres

> NACEMOS CON UNA INCLINACIÓN NATURAL HACIA LA MULTIPLICACIÓN.

humanos somos así. Nacemos con una inclinación natural hacia la multiplicación. A todos nos gusta lo bueno, el éxito nos atrae, nos gusta ganar, luchamos por lo mejor. Es parte de nuestra composición, está en nuestro ADN. Así nos hicieron. Nuestro Creador se aseguró de que todos nosotros fuéramos portadores de esa pasión.

Hasta este día la cuenta de personas viviendo en el planeta Tierra sobrepasa los 7.1 mil millones. Yo tengo la fuerte convicción de que cada uno ellos nació para ser y hacer algo grande en la vida. Todos nacimos para ser personas sobresalientes, destacados empresarios, y financieramente prósperos. He decidido mantenerme por años en esta posición, y mientras más me dedico a estudiar a los seres humanos, más firme se hace esta convicción.

El lugar más rico del mundo

Según algunos reportes, naciones como Luxemburgo, Singapur, Suiza, Estados Unidos, Hong Kong, entre otras más, son los lugares más ricos del mundo. Sin embargo, con mucha tristeza debo decir que en mi opinión, el lugar más rico del mundo no es una nación, sino el cementerio. Sí, porque está lleno de personas que se fueron, y se llevaron con ellos sueños, visiones, libros, canciones; personas que se fueron sin haber expresado lo que podían ser. Grandes hombres que murieron como drogadictos, cuando pudieron haber sido deportistas. Grandes mujeres que murieron como prostitutas, cuando pudieron haber sido empresarias sobresalientes. Personas que pasaron sus últimos días en una cárcel, cuando pudieron haber estado en un palacio. Grandes personajes que nacieron para ser líderes, políticos, empresarios millonarios que les faltó una sola cosa: llegar a ser formados.

Siempre que pienso en esto, me hago la pregunta: ¿Qué hubiera sido de Abraham Lincoln si nunca hubiera sido formado? ¿Qué hubiera sido de Thomas Edison si nunca hubiera sido formado? ¿Qué hubiera sido de Edson Arantes do Nascimento, mejor conocido como Pelé, quien llegó a ser reconocido como el mejor deportista del siglo XX, si nunca hubiera sido formado? ¿Qué hubiera sido de Michael Jordan, a quien le han dado el título de "su majestad" en el mundo del baloncesto por causa de sus admirables destrezas, si nunca hubiera sido formado?

Es interminable la lista de hombres y mujeres que han hecho un aporte invaluable al mundo con sus talentos y virtudes. Todos y cada uno de ellos debieron pasar por un proceso llamado "formación" para llegar a donde llegaron. Todos nacieron siendo un bebé indefenso. Todos necesitaron de atenciones, de médicos, de profesores, de manejadores y mentores que dedicaron un tiempo para ayudar a desarrollar los talentos que venían en estas personas.

La gran necesidad

La necesidad número uno de un ser humano es ser formado para llegar a tener sabiduría para prosperar. La formación debe llegar antes que el matrimonio, o que los hijos, y aún que el empleo. La

LA FORMACIÓN ES LA FÓRMULA PERFECTA PARA EL ÉXITO.

formación es la fórmula perfecta para el éxito de cualquier ser humano. Primero debe ser formado para tener sabiduría, y luego lo demás llegará a buenas manos. Un hombre no formado, tarde o temprano, dejará ver su incapacidad de manejar la familia, el dinero o el empleo. Un hombre no formado llegará al matrimonio, pero no podrá sostenerlo en pie. Si a un hombre no formado le nacen hijos, estos sufrirán las consecuencias de un mentor novato e incapaz. El dinero, si es que llega, permanecerá muy poco tiempo con él, porque carece de las habilidades necesarias para administrarlo.

Desde la creación, el plan maestro de Dios fue siempre el mismo: formar aquello que Él mismo creó. El capítulo uno de Génesis nos habla de la creación, pero el capítulo dos nos habla de la formación. El Creador no pretendía soltar a un hombre y dejarlo a la deriva en la tierra, sino que este ser humano, de la mano de Su Creador, siendo formado y adiestrado, haría del planeta un bello lugar donde vivir. En otras palabras, el proyecto completo de Dios para el hombre no se termina con la creación, sino que sigue con la formación. Veamos cómo lo muestra la Biblia:

> *Entonces dijo Dios: Hagamos al hombre a nuestra imagen, conforme a nuestra semejanza; y señoree en los peces del mar, en las aves de los cielos, en las bestias, en toda la tierra, y en todo animal que se arrastra sobre la tierra. Y creó Dios al hombre a su imagen, a imagen de Dios lo creó; varón y hembra los creó* (Génesis 1:26-27).

La palabra creado:	*Heb. Bara*: Crear de la nada.
La palabra conforme:	*Heb. Asa*: Dar forma a lo que ha sido creado.
La palabra imagen:	*Heb. Tselem*. Naturaleza esencial, copia.
	Significa: Ser como
	Tiene que ver con el carácter moral y espiritual.
La palabra semejanza:	*Heb. Damah*, parecerse a, actuar como
	Significa: Funcionar como
	Tiene que ver con la manera en la que se trabaja.

Cuando Dios lo *"creó"*, fue de acuerdo a Su Imagen, pero cuando Dios lo forma, lo hace de acuerdo a Su Semejanza. El proyecto completo era imagen y semejanza; esto sería posible a través de creación y formación. La creación trae la imagen, pero solo la formación trae la semejanza. Hasta Génesis 1:27, el hombre solo fue creado, pero todavía necesitaba ser formado. Por eso el Apóstol Juan escribió estas palabras:

> *Amados, ahora somos hijos de Dios, y aún no se ha manifestado lo que hemos de ser; pero sabemos que cuando él se*

manifieste, seremos semejantes a él, porque le veremos tal como él es (1 Juan 3:2).

La semejanza es parte del proyecto, pero no fue concluida en Génesis 1:27; solo la imagen se creó. Ahora que el hombre había sido creado, Dios debía llevarlo por

> **LA CREACIÓN TRAE LA IMAGEN, PERO SOLO LA FORMACIÓN TRAE LA SEMEJANZA.**

el proceso de formación para que tuviera la semejanza. Es aquí donde la historia del ser humano prácticamente comienza en la tierra. Había un "hombre creado" que ya tenía "la imagen", pero Dios no había hecho crecer absolutamente nada sobre la tierra, ni le había traído esposa para que se multiplicara. La Biblia lo dice así:

> *Estos son los orígenes de los cielos y de la tierra cuando fueron creados, el día que Jehová Dios hizo la tierra y los cielos, y toda planta del campo **antes que fuese en la tierra**, y toda hierba del campo **antes que naciese**; porque Jehová **Dios aún no había hecho llover** sobre la tierra, **ni había hombre** para que labrase la tierra, sino que subía de la tierra un vapor, el cual regaba toda la faz de la tierra* (Génesis 2:4-6, énfasis del autor).

Todo el proyecto de poblar la tierra y llenarla de plantas está detenido. Ya eran parte del pensamiento y plan de Dios, pero aún no podían nacer sobre la tierra porque aún *"no había hombre que labrase la tierra"*. Es decir, el hombre existía, pero todavía no labraba. ¿Por qué? Porque aún no había sido formado; todavía faltaba la otra parte del proyecto. Quiero que por favor note que Dios mismo no hacía todo lo que Él deseaba y planeaba, porque el proyecto del hombre no estaba concluido. El proyecto de la tierra estaba aguantado porque el hombre aún no había terminado de ser formado. Hasta que el proyecto de la formación del hombre no fuese concluido, todo lo demás en la tierra no podía darse.

Esto se repite hoy en día también. Dios tiene grandes proyectos en mente, cosas que Él quiere hacer, y que son parte de Sus planes. Son cosas que han sido prometidas y habladas por Él mismo, pero que no pueden llegar a la tierra hasta que Dios no haya completado su proyecto de formación en el hombre que estará a cargo de esas cosas. Es así como muchos que nacieron para ser grandes artistas, deportistas, conferencistas, líderes, políticos, cantantes y muchos otros se han ido de este mundo siendo solamente seres humanos comunes y corrientes. Se fueron como personas promedio, porque aunque tenían los dones y las capacidades, nunca fueron formados para alcanzar la sabiduría, usar esos dones, y así prosperar. Se fueron sin llegar a conocer y experimentar las delicias que Dios había preparado para ellos.

Ahora volvamos al relato bíblico de Génesis. El proyecto de formar al hombre a semejanza de Dios debía ser terminado para poder ir hacia adelante con el proyecto de hacer nacer cosas en la tierra. La Biblia dice:

Entonces Jehová Dios formó al hombre del polvo de la tierra, y sopló en su nariz aliento de vida, y fue el hombre un ser viviente. Y Jehová Dios plantó un huerto en Edén, al oriente; y puso allí al hombre que había formado. Y Jehová Dios hizo nacer de la tierra todo árbol delicioso a la vista, y bueno para comer; también el árbol de vida en medio del huerto, y el árbol de la ciencia del bien y del mal. Y salía de Edén un río para regar el huerto, y de allí se repartía en cuatro brazos. El nombre del uno era Pisón; éste es el que rodea toda la tierra de Havila, donde hay oro; y el oro de aquella tierra es bueno; hay allí también bedelio y ónice (Génesis 2:7-12, énfasis del autor).

¡Maravilloso! Ahora las cosas sí están marchando bien. El proyecto de hacer nacer cosas en la tierra se activa. ¡Y pensar que lo que tenía detenido todo esto era la falta de un hombre formado! Pero sorprendentemente, de forma inmediata, cuando el hombre termina de ser formado, Dios hace nacer sobre la tierra cosas deliciosas y buenas. No podemos decir con exactitud cuánto tiempo pasó entre una cosa y la otra, desde el día de la creación hasta que terminó el proceso de formación. Pero sí sabemos que todo estuvo esperando por el día que el hombre estuviese formado. Ni aún Eva llegó al escenario hasta que Dios terminó de formar a Adán, porque Dios sabe que un hombre que no está formado, tampoco está listo para manejar un hogar.

La buena noticia es que Dios no ha cambiado. Él tiene muchas cosas buenas y deliciosas que deben nacer en la tierra, pero están esperando hombres que permitan que alguien los forme. De lo contrario estaremos preguntándonos: ¿Por qué Dios no ha hecho llover sobre la tierra? ¿Cuándo será el día que prosperaremos financieramente? ¿Por qué hay oraciones que no han sido contestadas? ¿Por qué hay hogares que sufren? ¿Por qué hay cosas que no se nos dan, iglesias que no crecen, grupos que no permanecen, empresas que no prosperan? La lista de preguntas puede seguir, pero la respuesta a esto es una sola: la falta de formación. La distancia entre lo que somos hoy, y lo que podemos ser se llama formación.

> LA DISTANCIA ENTRE LO QUE SOMOS HOY, Y LO QUE PODEMOS SER SE LLAMA FORMACIÓN.

El ejemplo de David

Tomemos como ejemplo al salmista David. Él fue llamado por Dios cuando tenía aproximadamente dieciséis años de edad, y era el hijo menor de un hombre llamado Isaí. Fue el profeta Samuel quien llegó a casa de Isaí a ungirlo para ser rey de Israel. La Biblia dice que desde aquel mismo día, el Espíritu de Dios vino sobre David. Sin embargo, eso no significa que David asumió inmediatamente su posición en el trono. Según la historia bíblica, él fue ungido en 1 Samuel capítulo 16, pero no llegó al trono hasta 2 Samuel capítulo 2. Entre esos dos pasajes encontramos una serie de acontecimientos en la historia de aquel joven que, aunque ya había sido ungido para ser rey, todavía necesitaba la formación y la sabiduría para llegar allí.

Los expertos aseguran que pasaron aproximadamente unos quince años entre 1 Samuel 16, el día que David fue ungido, y 2 Samuel 2, el día que David llega al trono. El tiempo entre una cosa y la otra se llama formación. Cada una de las experiencias que David atravesó, sirvió para formar al rey que él siempre fue, pero que no podía manifestar hasta tener sabiduría. Dios estuvo monitoreando cada paso en la vida del salmista. El Espíritu de Dios estaba con él; la comunicación entre David y el Padre estuvo presente durante todo el proceso. David era un ser humano que aunque tenía el llamado y la unción de Dios, todavía necesitaba ser procesado para llegar a ser un rey sabio en Israel. Aquel proceso, además de la sabiduría que lo llevó a adquirir, lo llevó también a darse a conocer como "un hombre conforme al corazón de Dios". Fue así como se cumplió lo que había hablado Dios a través del profeta Samuel. Es por eso que cuando leemos los salmos, en algunos de estos encontramos a un salmista angustiado, afligido, con algunas preguntas sin respuestas que nacieron durante todo aquel proceso de formación para la sabiduría que Dios le estaba dando para prosperar.

No siempre los procesos duran tanto tiempo, ni todos son tan arduos como los que pasó David en su momento, pero siempre tienen la misma intención: formarnos y prepararnos para lo que Dios quiere hacer con nosotros y a través de nosotros.

El ejemplo de Jesús

Aun el mismo Jesucristo pasó este proceso de formación. Él, siendo el Hijo de Dios, tuvo que ser formado, pero Su formación fue un tanto distinta a la nuestra. La Biblia dice:

> Haya, pues, en vosotros este sentir que hubo también en Cristo Jesús, el cual, siendo en forma de Dios, no estimó el ser igual a Dios como cosa a que aferrarse, sino que se despojó a sí mismo, tomando forma de siervo, hecho semejante a los hombres; y estando en la condición de hombre, se humilló a sí mismo, haciéndose obediente hasta la muerte, y muerte de cruz (Filipenses 2:5-8).

La diferencia en la formación de Jesús es que fue a la inversa de nosotros. Él no necesitaba la semejanza; ya Él era igual a Dios. Pero su misión era morir en la cruz, y dar Su vida por nosotros, lo cual requería de un ser cien por ciento humano, ya que Dios no puede morir. Tenía entonces que ser hecho semejante a los hombres, pero Su proceso, al igual que el de todos nosotros, requería de Su obediencia y sometimiento.

Una de las lecciones más poderosas del proceso de Jesús es Su decisión a "no aferrarse", pues es allí donde radica el éxito del proceso de formación. Toda persona que no ha sido formada es porque está aferrada a algo. Los seres humanos nos aferramos a objetos, a espacios, a personas, a posiciones, a tiempos, a sentimientos; en fin, a muchas cosas que nos frenan de ser formados. Lo que es aún más peligroso y dañino para la formación de un ser humano es cuando este tiene su mente aferrada a hábitos, argumentos, sistemas o métodos que no solamente no le dejan avanzar, sino que lo conducen al atraso. La lección que nos deja Jesús es que Dios trabaja, bendice y levanta a personas que no se aferran a nada; personas que no se niegan a nada, y están dispuestas a dejarlo todo cuando Él llama.

> Por lo cual Dios también le exaltó hasta lo sumo, y le dio un nombre que es sobre todo nombre, para que en el nombre de Jesús se doble toda rodilla de los que están en los cielos, y en la tierra, y debajo de la tierra; y toda lengua confiese que Jesucristo es el Señor, para gloria de Dios Padre (Filipenses 2:9-11).

Posicionados

Tanto el ejemplo de Jesús, como el ejemplo de David, nos confirman la forma en que Dios opera para levantar a Sus hijos. Esto nos lleva de regreso a Génesis 2. Una vez que el hombre fue formado y tiene la semejanza, entonces puede ser "posicionado", llevado a la posición donde Dios siempre lo quiso tener:

> Y Jehová Dios plantó un huerto en Edén, al oriente; y puso allí al hombre que había formado (Génesis 2:8).

Existen dimensiones y posiciones que solo pueden ser ocupadas por gente formada. Es por eso que afirmamos que la formación es la necesidad número uno del ser humano, porque sin ella muchos pasarán la vida soñando con ser ese alguien, o lograr ese algo para lo cual nacieron. Toda persona que vemos en una posición de influencia, fue alguien que decidió pasar un proceso de formación para llegar a donde está.

> TODA PERSONA QUE VEMOS EN UNA POSICIÓN DE INFLUENCIA DECIDIÓ PASAR UN PROCESO DE FORMACIÓN PARA LLEGAR A DONDE ESTÁ.

¿Qué es un médico? Es una persona que no se aferró a una vida sin compromisos, sino que permitió a otros que le formaran en medicina para servir en los hospitales sanando a otros. De igual forma podemos preguntar: ¿Qué es un abogado? Es una persona que fue formada en leyes para servir en las cortes ayudando a otros. ¿Qué es un ministro? Es una persona que fue formada en teología para trabajar en el ministerio, y así servir a su comunidad ayudando a otros a acercarse a Dios y cambiar sus vidas. Es así como funciona el proceso de formación. Cualquier ciudadano nativo en su país califica para ser presidente del mismo. Sin embargo, lo que lo pudiera separar de ocupar esa posición es la falta de formación para lograrlo.

Formación y sabiduría

Una de las evidencias más palpables de que un ser humano ha sido formado en cierto aspecto de su vida es la sabiduría que tiene para desarrollarse, y manejar los distintos retos que presenta su profesión. La sabiduría llega como muestra de que esta persona se educó, pasó las pruebas necesarias, y cumplió con todos los requisitos indispensables para portar un título y ocupar cierta posición. De tantos ejemplos que la Biblia nos regala para demostrar esta verdad, tomemos el caso de José, el hijo de Jacob.

Cuando él tenía diecisiete años, Dios le había hablado en sueños sobre lo que sería su futuro. La Biblia explica que aquellas visiones se cumplieron cuando José ya tenía treinta años. Pero una de las cosas impresionantes de esta historia es que cuando José tuvo aquellos sueños, nadie le llamó "inteligente". Sus hermanos se burlaban de él, y le llamaban "soñador". Cuando él llegó a Egipto le llamaron esclavo, cuando estuvo en la casa de Potifar fue mayordomo, cuando fue a la cárcel fue el encargado. Sin embargo, cuando José termina todo aquel proceso de formación y sale de la cárcel, el Faraón y sus siervos se refieren a él como "un hombre sabio y entendido".

> *El asunto pareció bien a Faraón y a sus siervos, y dijo Faraón a sus siervos: ¿Acaso hallaremos a otro hombre como éste, en quien esté el espíritu de Dios? Y dijo Faraón a José: Pues que Dios te ha hecho saber todo esto, no hay entendido ni sabio como tú. Tú estarás sobre mi casa, y por tu palabra*

se gobernará todo mi pueblo; solamente en el trono seré yo
mayor que tú. Dijo además Faraón a José: He aquí yo te he
puesto sobre toda la tierra de Egipto (Génesis 41:37–41).

Es a causa de esta sabiduría que José es posicionado. Las consecuencias fueron que fue altamente prosperado, porque la Biblia enseña que llegó a acumular tanto, que no había número para describir la cantidad que José había almacenado.

Sabiduría financiera

No nacemos sabiendo; todo viene a través de la formación. Esta viene con la educación y la experiencia. Lo interesante es que la gente formada desarrolla sabiduría, la cual viene como resultado de todas las lecciones aprendidas durante el proceso. Cuando la sabiduría llega, inevitablemente también se refleja en el área financiera, como lo dice el sabio Salomón:

Bienaventurado el hombre que halla la sabiduría, Y que
obtiene la inteligencia; Porque su ganancia es mejor que la
ganancia de la plata, Y sus frutos más que el oro fino. Más
preciosa es que las piedras preciosas; Y todo lo que puedes
desear, no se puede comparar a ella. Largura de días está en
su mano derecha; En su izquierda, riquezas y honra. Sus
caminos son caminos deleitosos, Y todas sus veredas paz.
Ella es árbol de vida a los que de ella echan mano, Y bien-
aventurados son los que la retienen (Proverbios 3:13-18).

Cuando se adquiere sabiduría, la prosperidad financiera y el éxito en todas las áreas se vuelven naturales y mucho más fáciles. No es casualidad que dos tercios de las cien personas más ricas del planeta sean universitarios, según la revista *Forbes*. Esto sucede porque la sabiduría añade a las personas algunos elementos indispensables para el éxito financiero. Tres de los más comunes son:

1. La habilidad de ganar amigos

Una de las formas más sobresalientes en que se manifiesta la sabiduría en una persona es la forma en que se relaciona con los demás. Su capacidad de conectarse debidamente lo hace interesante para establecer conversaciones. Además, su manera optimista de hablar logra hacer sentir a los demás alentados a ser mejores. Es así como la sabiduría ayuda a las personas a ser financieramente exitosas, porque uno de los valores más grandes para triunfar son las relaciones. De estas nacen las redes mercantiles, los consorcios, las sociedades, los buenos acuerdos, la preferencia a la hora de hacer negocios, y muchas otras cosas como estas que son la base del éxito financiero. La Biblia dice: *"El fruto del justo es árbol de vida; Y el que gana almas es sabio"* (Proverbios 11:30).

> UNO DE LOS VALORES MÁS GRANDES PARA TRIUNFAR SON LAS RELACIONES.

2. Hambre por el conocimiento y el aprendizaje

Otra de las cosas que coloca al sabio en una posición de ventaja para el éxito financiero es su capacidad de querer seguir aprendiendo siempre. Este elemento es indispensable para toda persona que busca el progreso, debido a que el conocimiento está siempre vinculado a la prosperidad. Aún más, Dios asegura en Su Palabra que la ausencia del conocimiento está directamente vinculada a la falta de prosperidad y éxito en las personas. La Biblia dice:

> Por tanto, mi pueblo fue llevado cautivo, porque no tuvo conocimiento; y su gloria pereció de hambre, y su multitud se secó de sed (Isaías 5:13).

Por otro lado, la Biblia asegura que el sabio es una persona que, independientemente del conocimiento ya adquirido o nivel de sabiduría alcanzado, siempre está dispuesto a seguir aprendiendo, y ama y agradece a quien le ofrece más. La Biblia dice:

> No reprendas al escarnecedor, para que no te aborrezca; Corrige al sabio, y te amará. Da al sabio, y será más sabio; Enseña al justo, y aumentará su saber (Proverbios 9:8-9).

3. Capacidad administrativa

Este es otro de los poderosos elementos que viene integrado con la sabiduría. Sus evidencias o resultados son imposibles de esconder cuando está presente. La capacidad que una persona tenga para administrar sus ingresos y salidas pondrá rápidamente al descubierto si está creciendo, o no, en sabiduría. Aunque de este tema hablaremos mucho más en posteriores capítulos, es bueno mencionar que si algo es afectado radicalmente en el comportamiento de un ser humano que tiene un encuentro con la sabiduría es su forma de tomar decisiones en todas las áreas de su vida. Esto incluye el área financiera.

No por casualidad, todas las historias de prosperidad y éxito que La Biblia nos relata están directamente relacionadas con el crecimiento en sabiduría que experimentaron las personas. Tal fue el caso de Daniel y sus amigos, quienes llegaron al reino de Babilonia como unos esclavos, pero al buscar a Dios de una forma especial, la Biblia dice que fueron hallados diez veces más sabios que los demás. Como consecuencia, los encontramos en el siguiente capítulo a cargo de todos los negocios del rey, y con muchos honores en sus manos. Es así como la capacidad administrativa que viene con la sabiduría siempre trae progreso y avance donde quiera que es bienvenida.

> LA CAPACIDAD ADMINISTRATIVA QUE VIENE CON LA SABIDURÍA SIEMPRE TRAE PROGRESO Y AVANCE.

CAPÍTULO 3

¿ES EL DINERO UNA BENDICIÓN?

LAS RIQUEZAS DE LOS SABIOS SON SU
CORONA (PROVERBIOS 14:24).

Era el mes de julio del año 1995. Mi esposa y yo habíamos viajado a Puerto Rico para celebrar nuestro primer aniversario de bodas. Cuando entramos a la casa donde nos hospedaríamos, las primeras palabras que escuché fueron: "Bendición, Tío". Ese fue el saludo que me dio Mariela, una sobrina de mi esposa que en aquel tiempo tenía siete años de edad. Su madre, la hermana de mi esposa, le había inculcado que saludara a los familiares mayores pidiéndoles la bendición.

Aquellas palabras se quedaron dando vueltas en mi cabeza, pues nunca nadie me había saludado así. Para mí fue algo muy especial que un niño me pidiera que yo le bendijera. Ese momento marcó mi vida, y me llevó a recuperar el sentido de aquellas palabras. Me dediqué a estudiar su significado. Una de las cosas que más me llamó la atención fue llegar al fondo de lo que significa la palabra bendecir.

En hebreo es la palabra *barak*; raíz prim.; bendecir con abundancia, dar bendición, bienaventurado, loar, dichoso, alabar, saludar.[1]

En griego es la palabra *eulogeo*; es la palabra de donde sacamos en castellano la palabra «elogio» y «elogiar». Y es una palabra compuesta: *eu* que significa «bien» o «bueno», y *logos* que significa «discurso» o «palabra». *Eulogeo* es hablar bien, alabar, exaltar, bendecir abundantemente, invocar una bendición, dar gracias.

Bendición se define como la invocación del apoyo activo de Dios para el bienestar y la prosperidad, en el Diccionario de la Lengua Española. Bendecir o bendición es prácticamente "pronunciarse bien de algo o de alguien". Así como "maldecir" es decir mal, bendecir es decir algo bueno, y "decretarlo sobre una persona".

Las razones pueden ser muchas, pero nuestra sociedad moderna no le da el valor a esa frase como en los tiempos antiguos, cuando decirle a un hijo "Dios te bendiga" era algo de mucho valor. En los tiempos bíblicos, las personas estaban dispuestas a todo con tal de conseguir que su padre los bendijera, o les diera su cobertura espiritual. Viajaban de un lugar a otro, hacían cosas impresionantes al punto de pelearse entre hermanos, con tal de conseguir un "Dios te

---

1. Logos Bible Software, Diccionario Strong de palabras hebreas y arameas del Antiguo Testamento, J. (2002). Nueva concordancia Strong Exhaustiva: Diccionario (p. 21). Nashville, TN: Caribe.

bendiga" de sus padres. No era algo liviano. Esas palabras tenían mucho peso debido a lo que Dios había establecido:

> Jehová habló a Moisés, diciendo: Habla a Aarón y a sus hijos y diles: Así bendeciréis a los hijos de Israel, diciéndoles: Jehová te bendiga, y te guarde; Jehová haga resplandecer su rostro sobre ti, y tenga de ti misericordia; Jehová alce sobre ti su rostro, y ponga en ti paz. Y pondrán mi nombre sobre los hijos de Israel, y yo los bendeciré (Números 6:22-27).

Cuestión de autoridad

Ellos sabían que para que Dios pueda bendecir a una persona, primero su cobertura tiene que "decretarlo". Dios les dio a los seres humanos la autoridad en la tierra, y para Él intervenir, necesita la autorización de nosotros. Dios no pasa por encima de las autoridades que Él mismo ha establecido. Dios ha establecido las formas en que debemos hacer venir Su bendición sobre nosotros y nuestros hijos, a través del cumplimiento de ciertos principios.

> PARA QUE DIOS PUEDA BENDECIR A UNA PERSONA, PRIMERO SU COBERTURA TIENE QUE "DECRETARLO".

Palabras de bendición

La rama de la ciencia que se dedica a estudiar el lenguaje de los seres humanos dice que existen tres niveles de lenguaje:

1. **Apreciación-** Tiene que ver con el estado de ánimo; cuando usted sale de su casa y dice: "¡Qué lindo día!". Pero lo que quizás sea lindo para usted, no lo sea para otra persona. Eso tiene que ver con su cosmovisión de la vida y las realidades, y su estado anímico mental.

2. **Comunicación-** Es el nivel que usamos para intercambiar información; tiene que ver con la formación. Una persona que se formó en un hogar donde había comunicación fluida, tendrá formas de comunicarse diferentes a la persona que se crió en un hogar donde la comunicación era cortada y limitada.

3. **Declaración-** Este nivel tiene que ver con la autoridad. Por ejemplo, si usted es el director de una escuela, usted puede "decretar" que los niños salgan temprano un día, y puede hacerlos salir más tarde otro día. Pero usted no tiene jurisdicción alguna para "decretar" un alza o descenso en el valor de la moneda de su país, a menos que usted sea el Secretario del Tesoro de ese país, o tenga alguna autoridad delegada del gobierno para esa materia.

El poder de la bendición

Veamos esta poderosa verdad llevada a una historia de la Biblia.

> *Después partieron de Bet-el; y había aún como media legua de tierra para llegar a Efrata, cuando dio a luz Raquel, y hubo trabajo en su parto. Y aconteció, como había trabajo*

en su parto, que le dijo la partera: No temas, que también
tendrás este hijo. Y aconteció que al salírsele el alma (pues
murió), llamó su nombre Benoni; mas su padre lo llamó
Benjamín (Génesis 35:16-18).

El niño nació y cayó en manos de la partera, y la partera, basada en lo que estaba viviendo en ese momento, le dio un nombre al niño. El nombre era mucho más que un distintivo de los demás seres humanos. El nombre es posiblemente una de las palabras que un ser humano más escucha, y además de describir a alguien, el nombre es un decreto, mucho más cuando tiene significado (todos los nombres tienen significado). Por lo tanto, el nombre marcaba el carácter, el destino, las actitudes, el comportamiento, y trazaba en cierta forma el resto de la historia de una criatura. Afortunadamente el padre, Jacob, también estaba presente allí. Inmediatamente canceló aquella maldición y le cambió el nombre al niño, de Benoni, que significa *"Hijo de mi tristeza, de mi angustia, de mi desgracia"*, y le puso Benjamín, que significa *"Hijo de mi mano derecha"*.

Creo que son muchos los que por alguna razón han caído en manos de "parteras" que los marcan con una palabra, y les tuercen el camino con sus declaraciones. Sin embargo, una de las lecciones importantes de esta historia es reconocer que el padre tiene más autoridad que la partera, y la autoridad para cambiar la maldición que la partera declaró y transformarla en una bendición. Aquel niño llegó a convertirse en un gran hombre de Dios, y luego su descendencia, en una de las tribus de Israel.

Es tan bueno saber que a nosotros, aquellos que hemos recibido a Jesús como Señor de nuestra vida, se nos ha dado un título excelente. La Biblia dice que nosotros somos *"hijos de Dios"*. Dios es nuestro Padre. Por eso cuando Jesús nos enseñó a orar dijo que oráramos diciendo: *"Padre nuestro que estás en los cielos"*. Nuestra relación con Dios es la relación de hijo a Padre y de Padre a hijo, y el Padre es el que tiene la autoridad y la última palabra sobre los hijos. Es esa bendición la que nosotros debemos buscar, porque esa bendición es la que enriquece: *"La bendición de Jehová es la que enriquece, Y no añade tristeza con ella"* (Proverbios 10:22).

La escalera de autoridad no llega más alto que la autoridad del Padre celestial. Es allí donde debemos buscar la bendición; es esa la bendición que debemos anhelar por encima de cualquier otra. Esa es la que logra un impacto positivo mayor al de cualquier otra cosa que podamos imaginarnos. Recuerde que el significado de la palabra bendición es "hablar bien". Cuando hablamos de buscar la bendición de Dios, hablamos de oír lo que Él tiene que decirnos.

> *Acontecerá que si oyeres atentamente la voz de Jehová tu Dios, para guardar y poner por obra todos sus mandamientos que yo te prescribo hoy, también Jehová tu Dios te exaltará sobre todas las naciones de la tierra. Y vendrán sobre ti todas estas bendiciones, y te alcanzarán, si oyeres la voz de Jehová tu Dios. … Y te hará Jehová sobreabundar*

en bienes… Te abrirá Jehová su buen tesoro, el cielo, para enviar la lluvia a tu tierra en su tiempo, y para bendecir toda obra de tus manos. Y prestarás a muchas naciones, y tú no pedirás prestado. Te pondrá Jehová por cabeza, y no por cola; y estarás encima solamente, y no estarás debajo (Deuteronomio 28:1-14).

Note que el reto de este pasaje es un reto doble. Muchos lo ven como un reto a obedecer y lo es, pero el reto es a obedecer la voz de Dios. La bendición viene no solamente por obedecer, sino por oír la voz de Dios y obedecerla.

La voz de Dios

Aprender a identificar la voz de Dios y obedecerla nos bendice. Tanto la fe como la sabiduría, que son los dos bastiones más grandes del Reino, vienen por oír precisamente la voz del Padre. Dios nos invita a prosperar atendiendo Su Palabra. Todo lo bueno que Dios quiere hacer, lo hará por Su Palabra. Él fundó el mundo con Su Palabra, Él trajo todo a existencia por Su Palabra, y cuando quiere ayudar a alguien a prosperar, eso es precisamente lo que Él hace: le envía una Palabra. El reto más grande que tiene cada hijo de Dios es aprender a oír Su voz, hacer callar las otras voces, y dejarse guiar exclusivamente por la voz del Padre que nos bendice.

> EL RETO MÁS GRANDE QUE TIENE CADA HIJO DE DIOS ES APRENDER A OÍR SU VOZ.

Lo que representa la bendición

La Biblia confirma todas las cosas que vienen junto con la bendición. La mayoría de los beneficios de la bendición de Dios tienen que ver con prosperidad y, sobre todo, con progreso económico.

Beneficios de la bendición de Dios:

1. La producción se multiplica.

Entonces yo os enviaré mi bendición el sexto año, y ella hará que haya fruto por tres años (Levítico 25:21).

2. Los bienes se aumentan.

Respondiendo Satanás a Jehová, dijo: ¿Acaso teme Job a Dios de balde? ¿No le has cercado alrededor a él y a su casa y a todo lo que tiene? Al trabajo de sus manos has dado bendición; por tanto, sus bienes han aumentado sobre la tierra (Job 1:9-10).

3. Las deudas desaparecen.

Ya que Jehová tu Dios te habrá bendecido, como te ha dicho, prestarás entonces a muchas naciones, mas tú no tomarás prestado; tendrás dominio sobre muchas naciones, pero sobre ti no tendrán dominio (Deuteronomio 15:6).

4. Hay grandeza y progreso.

*Y Jehová ha bendecido mucho a mi amo, y él se ha engran-
decido; y le ha dado ovejas y vacas, plata y oro, siervos y
siervas, camellos y asnos* (Génesis 24:35).

Los principios para la bendición

La bendición, como toda promesa en la Biblia, está conec-
tada a una condición. La manera de hacerla llegar a nosotros es cumpliendo los principios. Así lo establece Dios a
través de toda la Biblia. La Biblia nos da precisamente esos
principios o condiciones que debemos cumplir para ver la
bendición en nuestra vida:

Principio #1: Hablar palabras de gracia

*Eres el más hermoso de los hijos de los hombres; La gracia se
derramó en tus labios; Por tanto, Dios te ha bendecido para
siempre* (Salmos 45:2).

Principio #2: La fe

*De modo que los de la fe son bendecidos con el creyente
Abraham* (Gálatas 3:9).

Principio #3: Los diezmos

*Traed todos los diezmos al alfolí y haya alimento en mi casa;
y probadme ahora en esto, dice Jehová de los ejércitos, si no*

os abriré las ventanas de los cielos, y derramaré sobre vosotros bendición hasta que sobreabunde (Malaquías 3:10).

Principio #4: La ofrenda

Y el sumo sacerdote Azarías, de la casa de Sadoc, le contes-
tó: Desde que comenzaron a traer las ofrendas a la casa de
Jehová, hemos comido y nos hemos saciado, y nos ha sobrado
mucho, porque Jehová ha bendecido a su pueblo; y ha que-
dado esta abundancia de provisiones (2 Crónicas 31:10).

Principio #5: Las primicias

Y las primicias de todos los primeros frutos de todo, y toda
ofrenda de todo lo que se presente de todas vuestras ofrendas, será de los sacerdotes; asimismo daréis al sacerdote las
primicias de todas vuestras masas, para que repose la bendición en vuestras casas (Ezequiel 44:30).

Principio #6: Unidad y armonía

¡Mirad cuán bueno y cuán delicioso es Habitar los herma-
nos juntos en armonía! Es como el buen óleo sobre la cabeza,
El cual desciende sobre la barba, La barba de Aarón, Y baja
hasta el borde de sus vestiduras; Como el rocío de Hermón,
Que desciende sobre los montes de Sion; Porque allí envía
Jehová bendición, Y vida eterna (Salmo 133:1-3).

Cada uno de estos principios está establecido por Dios para
ayudarnos a alcanzar la bendición y prosperar.

CAPÍTULO 4

EL ORDEN DE PRIORIDADES

Todo aquel que quiera cambiar su vida, debe aprender a cambiar sus prioridades. —John Maxwell

Hay un dicho muy popular en el mundo comercial que reza así: "Quien no organiza, agoniza". Esto se dice refiriéndose a la importancia de mantener organizadas la agenda, las metas y las cosas. Tiene mucho sentido, porque desde el principio de la creación esta verdad se hace aplicable. Cuando leemos el libro de Génesis en La Biblia, en el mismo capítulo uno, en el verso dos, dice que *"la tierra estaba desordenada y vacía"*. La falta de orden tiene mucho que ver con los resultados en cualquier proyecto. Luego, en la historia del Génesis, encontramos al mismo Dios poniendo todo en orden para luego, finalmente, bendecir la creación. Es bueno resaltar el hecho de que el mismo Dios no bendijo la tierra hasta que no estuvo todo en orden. Es así como llegamos a la importancia de las prioridades. Establecer y organizar prioridades es una tarea sumamente importante para toda persona que se ha tomado muy en serio el tema de buscar la sabiduría para prosperar.

Cuando un ser humano tiene sus prioridades en orden, las evidencias son claramente visibles, y cuando no las tiene, también. Pienso que la forma más fácil de distinguir cuánta sabiduría ha alcanzado un ser humano es observando la manera en que organiza sus prioridades. La Biblia es muy clara respecto a este tema cuando dice: *"El temor de Jehová es el principio de la sabiduría, Y el conocimiento del Santísimo es la inteligencia"* (Proverbios 9:10).

Así es la sabiduría; tiene como principio el temor a Dios. La sabiduría comienza estableciendo lo más importante como lo más importante. Para la sabiduría, organizar la agenda, las metas, los compromisos, los gastos, la visión, los proyectos, los negocios, el tiempo y todo lo demás, de acuerdo al corazón de Dios, no es y nunca será negociable.

Dios como centro de las prioridades

Cuando Josué asumió el liderazgo del pueblo de Israel después de la muerte de Moisés, Dios se le apareció para darle instrucciones respecto a la estrategia para conquistar la tierra prometida. La instrucción fue sencilla: "Todas las ciudades tienen sus tesoros y sus riquezas, y pueden disponer de todas ellas; pero la primera ciudad que conquisten no será así, sino que guardarán toda la riqueza y el tesoro de esa ciudad para consagrarlo a Dios". Josué reunió a todas las personas, les transmitió las instrucciones, y les advirtió que la primera ciudad que conquistarían sería Jericó, ya que era la más próxima luego de pasar el Jordán. Todo salió bien, aunque la estrategia parecía tener muy poca lógica, pues había que dar una vuelta cada día alrededor de la ciudad, al séptimo día dar siete vueltas, y luego tocar trompetas. Al seguir esas instrucciones los muros de aquella ciudad se cayeron, y los hombres de guerra del pueblo de Israel marcharon y tomaron la ciudad con toda su gente, riquezas y tesoros.

Dios había hecho un despliegue insólito de Su poder y favor para con el pueblo de Israel, entregándole aquella poderosa ciudad, de una forma más milagrosa que sencilla. Ahora que la conquista de Jericó se ha logrado y la celebración de su primer logro ha comenzado, Josué les recuerda a todos sus hermanos judíos que la regla era que todo lo que se logró en aquella victoria debía ser consagrado para Dios, porque era la primera ciudad; la primicia de toda aquella tierra que Dios les estaba entregando. El pueblo así lo hizo; entregaron todo lo que habían recuperado de Jericó, y lo consagraron para Dios. Debo resaltar el hecho de que aquella ciudad era sumamente rica en sus finanzas, así que usted podrá imaginarse cuánto oro, plata, piedras preciosas, animales y demás bienes se juntaron aquel día. Y se entregó para Dios el total de lo alcanzado.

Todo estaba marchando de maravillas, el milagro de los muros caídos, la conquista de la primera ciudad, el pueblo siguiendo instrucciones, con una (aparentemente) muy insignificante excepción, que fue la que hizo uno de aquellos judíos llamado Acán. Él decidió llevarse a su tienda un lingote de oro y un manto babilónico, de toda aquella montaña de oro y riquezas.

Pasaron los días, y todo daba la apariencia de estar bien, hasta que Josué reúne nuevamente a su ejército de guerra para ir a conquistar la siguiente ciudad que se llamaba Hai. Los asesores militares de Josué le sugirieron que no hacía falta llevar a todo el ejército porque era una ciudad pequeña, y la lucha contra ella parecía ser muy fácil. Josué así lo hizo, y se llevó solamente una parte de sus hombres de guerra para combatir. Pero sufrió una derrota lamentable ante el ejército de aquella segunda ciudad.

Josué, turbado y confundido, decidió consultar a Dios respecto a aquel último episodio. La pregunta era sencilla: ¿Cómo es posible que ante una ciudad tan grande y poderosa como Jericó, el triunfo fuera tan fácil, pero ante Hai, una ciudad pequeña, no pudieran vencer? Dios no se reservó la respuesta y le dijo a Josué qué era lo que estaba pasando: "Yo pedí", dijo Dios, "que me consagraran todo el oro y las riquezas que ustedes conquistaron en Jericó, pero alguien tomó de los tesoros y lo llevó a su casa". En ese momento, Josué emprendió una pesquisa hasta dar con el paradero de lo que Dios le dijo. Fue así como descubrieron a Acán, y encontraron en su tienda el manto babilónico y el lingote de oro.

Si usamos las matemáticas para hacer un cálculo de cuánto fue lo que tomó Acán para llevar a su tienda, en comparación con el montón de oro que se había conquistado en Jericó, llegaríamos a la conclusión que fue un porcentaje insignificante. Un lingote de oro comparado con todos los tesoros y riquezas de una gran ciudad era prácticamente nada. Y un manto babilónico, comparado a toda la ropa y lindos vestidos de una gran ciudad, del mismo modo es algo que carece de valor. Sin embargo, a Dios le ofendió que aquello ocurriera, no por el valor de lo retenido por Acán, sino por el hecho de haber tocado lo que le pertenecía a Dios, las primicias, lo primero de todo.

Consecuencias del desorden

El error de Acán fue pensar que algo tan insignificante pasaría por desapercibido. Quizás fue así ante los ojos de todo el pueblo, pero no fue así ante los ojos de Dios, porque Dios todo lo ve. Además, si en algo Él es muy celoso es en cuidar que nuestras prioridades estén en orden. Esta es la única forma de prosperar y tener éxito. No hacerlo es trabajar en desorden, y como señalamos al principio de este capítulo, el desorden es el causante de que la bendición de Dios no se haga presente en la tierra. He aprendido, en mi estudio de La Biblia y demás religiones, que hay algo que hace a Dios muy diferente a cualquier otro dios. A Él lo distingue y lo separa a grandes distancias de los otros dioses, que Él es el único que exige el primer lugar. Los demás dioses pueden conformarse con que se les cante de vez en cuando, o con que se les pida algo de vez en cuando, o que se les consulte de vez en cuando, pero el Dios de La Biblia no es así. Para Dios, el primer lugar nunca ha sido, no es, ni será negociable jamás. De hecho, cuando Moisés se presentó a los hijos de Israel para darles el principal y más grande mandamiento de todos, fue señalado y escrito que Dios siempre debe ser el "número uno":

> Oye, Israel: Jehová nuestro Dios, Jehová uno es. Y amarás a Jehová tu Dios de todo tu corazón, y de toda tu alma, y con todas tus fuerzas (Deuteronomio 6:4-5).

Sacar a Dios de ser lo primero y lo más importante es alterar el orden, y el desorden siempre trae tristes consecuencias. Acán recibió su justa disciplina por haber violado este poderoso principio. Resulta curioso descubrir que el nombre de Acán tiene un significado bastante peculiar. Viene de la raíz Akán,[2] y significa: tormento, perturbación, tribulación, problema. Me parece muy curioso todo esto, porque Acán nunca tuvo problemas para cruzar el desierto ni cuando se casó, ni cuando le nacieron los hijos, ni cuando cruzó el Jordán, ni cuando luchó contra Jericó, ni cuando derribaron las murallas. Pero sí los tuvo cuando tocó esa pequeña parte de aquel botín que estaba reservado exclusiva y enteramente para Dios, que es el número uno. Acán terminó muriendo apedreado, junto a toda su familia y sus bienes. Tristemente, nunca logró disfrutar de aquel manto, ni del oro que había tomado. No fue el manto, ni el oro lo que trajo los

---

2. Ibid.

problemas a Acán y a su familia, sino el desorden que causó cuando no puso a Dios en primer lugar.

La bendición del orden

Una vez que se aclaró aquella situación, el pueblo de Israel montó nuevamente batalla contra Hai y los derrotaron. Conquistaron todos los tesoros de aquella ciudad, y cuando lo hicieron, Dios les habló y les dijo:

> *Jehová dijo a Josué: No temas ni desmayes; toma contigo toda la gente de guerra, y levántate y sube a Hai. Mira, yo he entregado en tu mano al rey de Hai, a su pueblo, a su ciudad y a su tierra. Y harás a Hai y a su rey como hiciste a Jericó y a su rey; sólo que sus despojos y sus bestias tomaréis para vosotros. Pondrás, pues, emboscadas a la ciudad detrás de ella* (Josué 8:1–2).

Poner a Dios en primer lugar no es negociable. Al hacerlo nos ubicamos en una posición de ventaja para el éxito que Dios quiere para nosotros, Sus hijos. Jesús lo dijo de esta forma: "*Mas buscad primeramente el reino de Dios y su justicia, y todas estas cosas os serán añadidas*" (Mateo 6:33).

Esto nos advierte que hay cosas que pueden añadirse a la vida de un cristiano solo cuando las prioridades

> HAY COSAS QUE PUEDEN AÑADIRSE A LA VIDA DE UN CRISTIANO SOLO CUANDO LAS PRIORIDADES ESTÁN EN ORDEN.

están en orden. Concluimos entonces que no es solamente el desear tener éxito, o el orar por la prosperidad lo que hace que aparezca el progreso financiero en la vida de los cristianos. Debe haber una organización consciente del sistema de prioridades, que solamente comienza con poner a Dios en primer lugar en nuestras vidas. La experiencia me ha enseñado que las personas desarrollan, de forma natural, una confianza importante en aquellos que logran combinar la excelencia demostrada a través del orden, y un respeto genuino a Dios y Sus mandamientos. Es como si supieran que quien cuida sus prioridades para no fallarle a Dios, será también cuidadoso para no fallarle a su prójimo.

El uno, dos, tres

> *Bienaventurado el hombre que teme a Jehová, Y en sus mandamientos se deleita en gran manera. Su descendencia será poderosa en la tierra; La generación de los rectos será bendita. Bienes y riquezas hay en su casa, Y su justicia permanece para siempre* (Salmo 112:1-3).

Me dijo una persona, con una mirada sencilla y genuina: "¡Estamos orando por un avivamiento financiero!". Creo que me estaba diciendo la verdad y que estaba expresando su honesto deseo de ver un avance para el reino de Dios, y también para su propia vida. Ese deseo nace precisamente de lo que establece la Palabra de Dios. Tener bienes y riquezas en casa debería ser lo normal para nosotros.

Sin embargo, cuando el salmista dice que habrá prosperidad en una casa (bienes y riquezas), debemos tomar en cuenta lo que dijo antes de eso. Un vistazo cercano al Salmo 112:1-3 nos enseña lo que yo he decidido llamar "La Regla del 1-2-3". Esta regla consiste en saber qué es lo primero, qué es lo segundo y qué es lo tercero. En el Salmo 112 lo encontramos:

El uno:

En el verso uno nos habla de la relación con Dios.

> *"Bienaventurado el hombre que teme a Jehová, Y en sus mandamientos se deleita en gran manera".*

El dos:

En el verso dos nos habla de la familia.

> *"Su descendencia será poderosa en la tierra; La generación de los rectos será bendita".*

El tres:

En el verso tres nos habla de la prosperidad.

> *"Bienes y riquezas hay en su casa, Y su justicia permanece para siempre".*

Es así, como de forma práctica y sencilla. La Palabra de Dios establece un orden de prioridades efectivo para la prosperidad de los hombres en la tierra. Cuando respetamos el orden:

1. Dios

2. Familia

3. Riquezas

El éxito y la prosperidad llegan de forma natural. De la misma forma, cuando ese orden se altera, ya sea poniendo la prosperidad en primer o segundo lugar, desplazando a Dios o a la familia (o quizás ambos), es cuando el verdadero éxito se vuelve inalcanzable. El sabio Salomón lo dijo así:

> No te afanes por hacerte rico; Sé prudente, y desiste. ¿Has de poner tus ojos en las riquezas, siendo ningunas? Porque se harán alas Como alas de águila, y volarán al cielo (Proverbios 23:4-5).

El afán es uno de esos enemigos silenciosos y peligrosos de la prosperidad. Este desordena las prioridades en el corazón de la gente, haciendo lucir a Dios y Su Palabra como poco importantes, colocando las riquezas en primer lugar, y como consecuencia, haciendo que estas se alejen de la vida y se vuelvan inalcanzables. El resultado de todo esto es una vida llena de frustración y sueños rotos. Es por todo esto que

EL AFÁN ES UNO DE ESOS ENEMIGOS SILENCIOSOS Y PELIGROSOS DE LA PROSPERIDAD.

debemos ser sabios en ordenar nuestras prioridades de acuerdo al corazón de Dios, siguiendo este sencillo proceso de "La Regla del 1-2-3", dándole a Dios y a Su Palabra el primer lugar, luego a nuestra familia, y por último a la prosperidad que Dios nos ofrece para vivir bien en esta tierra.

Una vez que la sabiduría para prosperar es activada en la mente humana, el orden en las prioridades se vuelve evidente, y las consecuencias también. Teniendo a Dios en primer lugar y luego a nuestra familia, debemos ir hacia adelante a la multiplicación de los bienes y riquezas que debe haber en casa. El orden de Dios no impide, ni es un obstáculo para el éxito financiero, sino todo lo contrario. Es más bien la garantía de que ese éxito llegará, y cuando llegue, no nos hará daño.

CAPÍTULO 5

EL PODER DE LA DISCIPLINA

Lo más fácil que se puede hacer con el dinero es gastarlo... los millonarios nunca hacen lo más fácil. –Winston Simpson

Todos hemos celebrado las hazañas y grandes triunfos de algunos que con sus habilidades han demostrado que los seres humanos somos capaces de mucho más. Son personas como Stephen Curry, quien ha roto su propio récord en canastos de tres puntos por tres años consecutivos; o como Lionel Messi y Cristiano Ronaldo que ostentan la privilegiada posición de 25 goles en las temporadas 2012 y 2013, respectivamente. Alguien como Aroldis Chapman, quien puede hacer lanzamientos de más de cien millas por hora en el béisbol, o como Kris Bryant, que registró en la temporada del 2015 un *home run* que viajó hasta 495.3 pies de distancia. Podríamos seguir añadiendo a la lista más atletas que han dejado sus nombres registrados en la historia por sus habilidades extraordinarias. La pregunta es: ¿Qué es lo que lleva a estas personas a ser tan sobresalientes?

Todos los triunfadores fueron personas que nacieron siendo comunes, pero en su debido momento supieron establecer una disciplina para así dominar destrezas que los llevaran al éxito que deseaban. Todos los ganadores tienen en común la virtud del autocontrol, que es una de las más importantes para quienes desean ser sobresalientes en la vida. La palabra autocontrol deriva de una raíz griega que significa «agarrar» o «sostener». Básicamente significa tomar control de áreas que les producirán éxito o fracaso. A eso se refería John C. Maxwell al definir la palabra disciplina como "la decisión de lograr lo que realmente se quiere, haciendo las cosas que usted en realidad no quiere hacer".

John Maxwell, en su libro *Desarrolle el Líder que Está en Usted*,[3] dice que hacer lo que no nos gusta es lo que produce muchas veces lo que sí nos gusta. El ir en contra de algunas cosas que amamos, muchas veces nos producirá el éxito. Los grandes líderes han entendido que su propia disciplina es su responsabilidad número uno para

> HACER LO QUE NO NOS GUSTA ES LO QUE PRODUCE MUCHAS VECES LO QUE SÍ NOS GUSTA.
> —JOHN MAXWELL

lograr el desarrollo personal. Si no se hubieran dirigido a sí mismos primero, no hubieran podido dirigir a los demás. El apóstol Pablo lo dijo de esta manera:

> *¿No sabéis que los que corren en el estadio, todos a la verdad corren, pero uno solo se lleva el premio? Corred de tal*

3. Logos Bible Software, Maxwell, J. C. (2007). *Desarrolle el Líder que Está en Usted*. Nashville, TN: Grupo Nelson.

manera que lo obtengáis. Todo aquel que lucha, de todo se abstiene; ellos, a la verdad, para recibir una corona corruptible, pero nosotros, una incorruptible. Así que, yo de esta manera corro, no como a la ventura; de esta manera peleo, no como quien golpea el aire, sino que golpeo mi cuerpo, y lo pongo en servidumbre, no sea que habiendo sido heraldo para otros, yo mismo venga a ser eliminado (1 Corintios 9:24-27).

He conocido mucha gente con capacidades admirables, pero carecen de la disciplina para explotarlas. Por eso el mismo apóstol Pablo le dio uno de sus consejos más sobresalientes al líder Timoteo cuando le dijo: *"Ten cuidado de ti mismo"* (1 Timoteo 4:16). Para poder entender este consejo a plenitud, hay que reconocer dos cosas importantes:

- La primera es que Timoteo era un joven emergente, con un ministerio en sus primeras etapas. Las luchas, tentaciones y presiones de todo tipo serían muchas, y para ganarlas, había que ganar primero por dentro.

- La segunda razón era que el Apóstol quería invertirse y multiplicarse en aquel joven. Quería entregarle lo que posiblemente había sido la clave del éxito para él como apóstol y ministro exitoso.

Disciplina y progreso

La siguiente pregunta que debemos hacernos es: ¿Qué tiene que ver todo esto con la prosperidad financiera? Mucho, o quizás todo. Porque al igual que en el mundo de los deportes, o el área ministerial, la prosperidad financiera está estrictamente reservada para aquellos que desarrollan las virtudes del autocontrol y la disciplina. Mi padre tenía razón cuando nos decía que lo más fácil que se puede hacer con el dinero es gastarlo. Solamente tiene que comparar la cantidad de personas que visitan una biblioteca con la cantidad de personas que visitan un centro comercial, para saber qué es lo que menos esfuerzo requiere. Abstenerse de comprar ante un agresivo bombardeo de gangas y descuentos no se hace fácil. Sin embargo, es la única forma de lograr el éxito financiero. Me gusta como lo dice Dave Ramsey: "A través del conocimiento y la disciplina, la paz financiera es posible para todos".

> LA PROSPERIDAD FINANCIERA ESTÁ RESERVADA PARA AQUELLOS QUE DESARROLLAN EL AUTOCONTROL Y LA DISCIPLINA.

Todos los componentes de la prosperidad financiera demandan disciplina: un buen presupuesto, una buena administración, una generosidad equilibrada, establecer un plan de ahorros, cumplir con las obligaciones, hacer los pagos a tiempo, tomar en cuenta las inversiones, y otros elementos más que exigen un serio compromiso para garantizar el éxito en el área de las finanzas. La Biblia le llama "sabia" a la persona disciplinada, porque donde hay disciplina siempre habrá también una buena dosis de sabiduría.

Relaciones bíblicas entre la sabiduría, el dominio y las finanzas

1. Control de impulsos y emociones

"El necio da rienda suelta a toda su ira, Mas el sabio al fin la sosiega" (Proverbios 29:11).

Las personas sabias también se enojan, también tienen impulsos emocionales al igual que los demás, pero lo que los hace diferentes es su disciplina para controlar dichos impulsos. La sabiduría financiera nos ayuda a evitar caer en gastos innecesarios, o en tentaciones provocadas por descuentos atractivos que muchas veces logran desenfocar a las personas de sus metas financieras.

Ninguno de todos los grandes beneficios de la disciplina es tan importante como el control de los impulsos, porque a todos nos llegarán en algún momento. No importa si usted tiene mucho o poco dinero para gastar, llegará el momento de la tentación de usarlo mal. Quien carece de control y disciplina con el dinero, se le hará muy difícil retenerlo. Es por eso que algunas personas, después de dar un golpe de suerte y ganar mucho dinero, ya sea a través de un negocio, una herencia inesperada o un juego de azar, con el tiempo terminan perdiendo aquel dinero. Algunos inclusive llegan, con el tiempo, a vivir peor de como estaban antes de adquirir la fortuna. Su situación financiera cambió de la noche a la mañana a través del golpe de suerte, pero sus hábitos administrativos no necesariamente cambiaron. Quien no puede ejercer control para crear un buen presupuesto cuando tiene poco, o no tiene la disciplina para invertir su dinero solo en lo necesario, tampoco podrá gobernar bien las grandes cantidades. Jesús lo dijo de esta manera:

> *"El que es fiel en lo muy poco, también en lo más es fiel; y el que en lo muy poco es injusto, también en lo más es injusto"* (Lucas 16:10).

Es así como debe quedar muy claro el principio de que la sabiduría es la virtud más importante para todo el que tiene planes de prosperar financieramente, porque nos añade disciplina. La sabiduría siempre trae consigo el maravilloso poder del autocontrol. No en vano el expresidente de Estados Unidos, Theodore Roosevelt decía: "Con autodisciplina casi cualquier cosa es posible".

> **LA SABIDURÍA SIEMPRE TRAE CONSIGO EL MARAVILLOSO PODER DEL AUTOCONTROL.**

2. Control al hablar

> *"El corazón del sabio hace prudente su boca, Y añade gracia a sus labios"* (Proverbios 16:23).

Dios creó el mundo con palabras, y luego nos hizo a Su imagen y semejanza. Esto advierte que nosotros también creamos el mundo en el que vivimos con la forma en que usamos las palabras. En el mundo de las finanzas, la comunicación es una llave demasiado importante para el éxito, porque todo negocio depende de un intercambio efectivo de información. El rey Salomón, a quien la Biblia señala como el hombre que más riquezas ha acumulado en la historia de la humanidad, es un buen ejemplo de esto. Todos sus logros fueron a través de una comunicación efectiva. Así logró crear nexos significativos para negociar con otras naciones, y firmar tratados de paz importantes que le permitieron no solamente traer grandes ganancias, sino también retenerlas y disfrutarlas.

La Biblia es muy clara en el hecho de que quien no tiene disciplina en el uso del lenguaje, tendrá muchos problemas para triunfar financieramente. La Biblia dice:

"Las palabras de la boca del sabio son llenas de gracia, mas los labios del necio causan su propia ruina" (Eclesiastés 10:12).

No podemos permanecer en el antiguo dicho que rezaba: "Las palabras se las lleva el viento". En el pasaje de Eclesiastés, Dios nos advierte que las palabras tienen poder. Las palabras tienen efectos en las personas. El que carece de sabiduría y disciplina para usarlas, causará su propia ruina. Esto se debe a que el individuo sin sabiduría no es efectivo en transmitir o vender sus ideas, o al cerrar sus negocios, o qui- zás acercando personas a sus productos. También podría ser que al no tener disciplina en el uso del lenguaje, termine diciendo las cosas fuera del tiempo o del orden adecuado. En fin, cualquiera que sea el caso, el final no es nada positi- vo, no porque Dios no quiera ayudar, sino porque la falta de sabiduría y disciplina le causa resultados indeseados. Dios nos advierte que:

> "Los sabios guardan la sabiduría; Mas la boca del necio es calamidad cercana" (Proverbios 10:14).

3. Control en las decisiones

> "El sabio teme y se aparta del mal; Mas el insensato se muestra insolente y confiado" (Proverbios 14:16).

Todo en la vida pasa por una decisión: el éxito o el fracaso, la paz o la guerra, el estudio o la ignorancia, el ir hacia atrás o hacia adelante. Todo atraviesa por una decisión primero.

TODO EN LA VIDA PASA POR UNA DECISIÓN.

La persona que tiene sabi- duría y disciplina lleva mu- cha ventaja para el progreso financiero porque sus deci- siones nunca son apresura- das. Además, sabe reconocer cuando algo no es lo mejor y decide apartarse, y esa forma de ser lo hace un perfecto can- didato para el triunfo. Cuando de hacer inversiones se trata, o de cerrar un negocio que traerá dividendos o no, la persona que tiene la disciplina de pensar "antes" de actuar tiene muchas menos probabilidades de equivocarse y fracasar. La Biblia es muy clara en cuanto al hecho de que apresurarse a tomar decisiones es una de las mayores causas de fracasos financieros.

> *Los pensamientos del diligente ciertamente tienden a la abundancia; Mas todo el que se apresura alocadamente, de cierto va a la pobreza* (Proverbios 21:5).

La Biblia también advierte:

> *Se apresura a ser rico el avaro, Y no sabe que le ha de venir pobreza* (Proverbios 28:22).

El control en la toma de decisiones hace a las personas volverse cada vez más prósperas. Esto viene como consecuencia de la sabiduría y la disciplina. Por eso Zig Ziglar decía: "Es el carácter lo que nos saca de la cama, el compromiso lo que nos mueve a la acción, y la disciplina lo que nos permite avanzar".

> EL CONTROL EN LA TOMA DE DECISIONES HACE A LAS PERSONAS VOLVERSE CADA VEZ MÁS PRÓSPERAS.

Principios para desarrollar autodisciplina

1. Establezca sus prioridades.

Cualquiera que hace lo que tiene que hacer solo cuando tiene la disposición o cuando le conviene, muy pronto se dará cuenta de que el éxito le huye. Además, las personas tampoco podrán desarrollar una confianza sólida en dicha persona, sino que le tendrán poco respeto. Si puede determinar lo que es realmente una prioridad y liberarse de todo lo demás, es mucho más fácil mantener un plan y llevarlo a cabo. Esa es la esencia de la autodisciplina.

2. Haga de la oración un estilo de vida.

Usted dirá: ¿Qué tiene que ver la oración con la disciplina para ver resultados positivos en mis finanzas? Yo le diré que mucho, y quizás deba decirle que todo. Porque cuando una persona establece en su vida una rutina tan positiva como la oración diaria, los efectos son muchos:

a. La persona que ora es porque tiene a Dios en primer lugar.

b. La persona que ora es humilde, y la Biblia asegura que con los humildes está la sabiduría (vea Proverbios 11:2).

c. La persona que ora debe ejercer mucho control para eliminar distracciones y mantenerse enfocada.

d. La persona que ora deposita sus cargas en una Mano más segura.

e. La persona que ora nunca se levanta igual que como empezó antes de orar. Su mundo interior es lleno de una energía que solo Dios puede dar.

f. La persona que ora es porque tiene fe en que Dios existe, y por lo tanto lo imposible no existe.

g. La persona que ora cree que su futuro puede ser mejor.

h. La persona que ora pone a Dios de su lado.

i. La persona que ora cuenta con el favor y la gracia de Dios para todo.

3. Practique la meditación.

Una de las mejores formas de autodisciplinarse es desarrollar sistemas y rutinas, especialmente en áreas cruciales para su éxito y crecimiento a largo plazo. Meditar es pensar atenta y detenidamente sobre algo. Este es un ejercicio cien por ciento bíblico, practicado por muchos grandes héroes de la historia bíblica como Jacob, Isaac, Nehemías, el salmista, María la madre de Jesús, y muchos otros que lograron hacer un hábito de esta práctica, y así mejorar sus vidas.

Cuando una persona medita, logra activar en su vida "radares" que le ayudan a estar pendiente de todo, y como consecuencia se vuelve más precavido y menos apresurado al hablar o hacer algo. La meditación es una de esas prácticas que muy pronto se vuelve un hábito, y establece patrones de comportamiento que vuelven a las personas altamente disciplinadas.

Meditar es como añadirle frenos especiales a un vehículo para su seguridad. El sistema de frenos en los autos tiene la complicada función de reducir la velocidad, o detener totalmente la marcha de un vehículo en movimiento. Una función secundaria para este sistema es la de mantener el vehículo detenido una vez que está estacionado. Para cumplir esta misión, este sistema se ve expuesto a grandes fuerzas y temperaturas. Por ejemplo, un vehículo mediano que circula a 130 km/h insumirá una fuerza de más de 500 kW para detenerse totalmente. Si ese auto tiene una fuerza motriz de 50 kW, significa que la fuerza de frenado es diez veces mayor a la de su motor.

La meditación funciona exactamente igual. Es una fuerza mayor que pone bajo control las acciones para que estas sean reguladas por los pensamientos, y no por las presiones que se presenten en el curso de la vida. Dios quería que Josué, al igual como lo desea para todos Sus hijos, fuera un hombre próspero. Por eso lo mandó a practicar la meditación en la Palabra.

Nunca se apartará de tu boca este libro de la ley, sino que de día y de noche meditarás en él, para que guardes y hagas conforme a todo lo que en él está escrito; porque entonces harás prosperar tu camino, y todo te saldrá bien (Josué 1:8).

Si algo no puede quedar fuera cuando hablamos de meditar para ser disciplinados, y así prosperar, es lo que el salmista decía:

Bienaventurado el varón que no anduvo en consejo de malos, Ni estuvo en camino de pecadores, Ni en silla de escarnecedores se ha sentado; Sino que en la ley de Jehová está su delicia, Y en su ley medita de día y de noche. Será como árbol plantado junto a corrientes de aguas, Que da su fruto en su tiempo, Y su hoja no cae; Y todo lo que hace, prosperará (Salmo 1:1-3).

CAPÍTULO 6

UN PRESUPUESTO DIRIGIDO A LA ABUNDANCIA

QUIEN FRACASA EN PREPARARSE, ESTÁ PREPARÁNDOSE
PARA FRACASAR. —BENJAMÍN FRANKLIN

S in sabiduría, la esperanza de que un proyecto tenga un éxito de forma sostenida es prácticamente ninguna. Cualquiera puede lograr una fortuna a través de un golpe de suerte, pero para retenerla y multiplicarla, hace falta mucho más que buena suerte. Para sostener el éxito hace falta sabiduría. Me gusta repetir frecuentemente esto en mis seminarios: "No hace falta sabiduría para casarse, pero para mantenerse casado, sí". De la misma forma, no se necesita sabiduría para traer hijos al mundo, pero para criarlos y hacer de ellos una generación poderosa, sí. ¡Para eso sí hace falta sabiduría!

El precioso don de la sabiduría es lo que divide al excelente y al mediocre, al recto y al torcido, al sobresaliente y al desconocido, al influyente y al que no tiene seguidores, al que recibe aplausos y al que solo recibe reproches. La sabiduría fue la responsable de hacer de un joven como Salomón, quien en sus inicios no estaba preparado para reinar, el rey más sobresaliente que ha tenido Israel en cuanto a riquezas, fama y gloria. Él es el único rey a quien se le atribuye que, bajo su reinado, había paz por todas partes, y la prosperidad en el pueblo fue la que ningún otro pueblo ha vivido en la historia. Todo esto fue gracias al precioso don de la sabiduría.

> EL PRECIOSO DON DE LA SABIDURÍA ES LO QUE DIVIDE AL EXCELENTE Y AL MEDIOCRE, AL RECTO Y AL TORCIDO, AL SOBRESALIENTE Y AL DESCONOCIDO.

Mi amada esposa Noemí suele decir en sus conferencias: "Los pensamientos, las palabras y la conducta de un sabio están siempre orientadas hacia el progreso". Cuando una persona tiene sabiduría, no le será posible ocultarlo, al menos no por mucho tiempo, porque las evidencias aparecerán en todas las áreas de su vida. Este atributo activa uno de los valores más importantes para el éxito de un ser humano: la mayordomía, conocida en el mundo de los negocios como la administración.

El diccionario dice que mayordomía es el gobierno de una familia o los asuntos de una familia. La experiencia en los negocios me ha enseñado que cuando a un proyecto de cualquier índole le falta este atributo llamado mayordomía, le será muy improbable surgir y triunfar. En una empresa puede haber vendedores profesionales y calificados, se puede hacer la propaganda más perfecta y agresiva, puede tener la maquinaria necesaria y los empleados precisos y diligentes, pero si falta una buena administración seguramente no podrá tener el éxito máximo que se puede alcanzar. El éxito financiero, al igual que la escasez financiera, son estados que no comienzan con la falta o abundancia de dinero, sino con la forma en que este se sepa manejar.

La mayordomía es el elemento que trabaja con el balance necesario para evitar excesos y pérdidas. También es la encargada de que el juicio y la razón sean conscientes de las inversiones que se hacen, y de los cambios necesarios durante las diferentes épocas que atraviesa todo proyecto. La ausencia de una buena mayordomía es la causante de todas las catástrofes financieras que se han registrado. Es también la causante de la ruina financiera que muchas personas experimentan. Cuando hay buena mayordomía se pueden prever situaciones, y tomar medidas para evitar que afecten negativamente el progreso normal de las cosas.

> LA MAYORDOMÍA TRABAJA CON EL BALANCE NECESARIO PARA EVITAR EXCESOS Y PÉRDIDAS.

Una mente llena de sabiduría para administrar es capaz de sacar ventaja y ganancias aun de las épocas difíciles y adversas. Tal fue el caso de José, aquel personaje bíblico hijo del patriarca Israel, que cuando estuvo al frente de la administración de los negocios de Faraón, tuvo la capacidad de ver de antemano lo que el país iba a atravesar. José vislumbró los tiempos de abundancia y de crisis por los que pasan todos los proyectos. Así es que, previendo una crisis severa que se acercaba, conocida como "el tiempo de las vacas flacas", se adelantó para hacer los preparativos necesarios durante "el tiempo de las vacas gordas".

La historia bíblica muestra cómo aquel joven judío, durante el tiempo de abundancia, construyó bodegas para almacenar provisión suficiente para el tiempo de escasez. Esta estrategia no solo suplió para el pueblo de Faraón, lo cual ya era una excelente idea, sino aun para vender y proveer a pueblos extranjeros. El resultado de aquella maravillosa mayordomía fue que durante "el tiempo de las vacas flacas", que fueron siete años de sequía y escasez para toda la tierra, la economía de Egipto bajo la administración de José prosperó enormemente. José logró llevar las finanzas de aquella nación a niveles superiores de éxito. A esto se le llama sabia mayordomía; a la habilidad de manejar las cosas de una forma en que ni aun en los tiempos difíciles se interrumpa el avance y la prosperidad.

La mayordomía cuenta con tres partes principales: ingresos, salidas y capital. Cada una de estas partes debe tener su debido porcentaje dentro de lo que es conocido como presupuesto.

El presupuesto

El Diccionario de la Real Academia Española define esta palabra así:

+ El cómputo anticipado del costo de una obra, o de los gastos y rentas de una corporación.

+ Cantidad de dinero calculado para hacer frente a los gastos generales de la vida cotidiana o de un viaje.

Un presupuesto es la capacidad de usar los ingresos, repartirlos de forma inteligente en las salidas (obligaciones), y garantizar que siempre quede un balance en la cuenta. En toda economía que va a triunfar debe haber un presupuesto, y una mente sabia que haga cálculos muy sensatos y tenga el dominio propio de ajustar los gastos y obligaciones para no exceder los ingresos. Cuando en un proyecto no se trabaja con un presupuesto, la posibilidad del triunfo se está abandonando a la suerte; y la suerte casi siempre está en contra de aquellos que no trabajan con presupuesto. Jesús enseñó a sus discípulos a trabajar con un presupuesto, y lo hizo a través de una parábola:

> LA SUERTE ESTÁ EN CONTRA DE AQUELLOS QUE NO TRABAJAN CON PRESUPUESTO.

Porque ¿quién de vosotros, queriendo edificar una torre, no se sienta primero y calcula los gastos, a ver si tiene lo que necesita para acabarla? No sea que después que haya puesto

el cimiento, y no pueda acabarla, todos los que lo vean co-
miencen a hacer burla de él, diciendo: Este hombre comenzó
a edificar, y no pudo acabar (Lucas 14:28-30).

En esta parábola, el Señor Jesús usa el proyecto de la cons-
trucción de una torre, pero resalta el hecho de sentarse primero a calcular los gastos con el objetivo de no fracasar a
mitad del proyecto. En otras palabras, el presupuesto es el
elemento más importante, y debe hacerse aún antes de poner en movimiento todo lo demás. Jesús usa la palabra *"pri-*
mero", porque un presupuesto no serviría de nada si se hace
una vez iniciado el proyecto. Según nuestro sabio Maestro,
tiene todas las posibilidades de fracasar y de ser el hazme-
rreír de las personas, no por falta de visión, o del apoyo divino, o de alguna crisis financiera, sino porque no se tomó en
cuenta el primer paso de sabiduría y mayordomía financiera: un presupuesto. Lee Iacocca dijo las siguientes palabras:
"La disciplina de escribir algo es el primer paso para hacer
que suceda".

Es así como la economía de muchas personas atraviesa
momentos difíciles, y como muchas "torres" no terminan
de construirse. Aun proyectos benéficos y necesarios para
la humanidad fracasan sin haber visto logradas sus metas,
porque no se toma en cuenta el consejo divino de trabajar
con un presupuesto. El sabio Salomón lo dijo así: *"En el bar-*
becho de los pobres hay mucho pan; Mas se pierde por falta de
juicio" (Proverbios 13:23).

Este otro ejemplo es crucial para nuestro tema. Note que estas personas a quienes se les llama *"pobres"*, no están supuestas a serlo, porque tienen mucho pan. El problema de ellos es la falta de *"juicio"*. La palabra que se traduce a juicio en este pasaje es la palabra hebrea *mishpát*; que también se traduce como razón o razonamiento.[4] Razonamiento es lógica, consideración, raciocinio, cálculo, cómputo, meditación, sistematización o procesamiento de datos.

Entonces, ahora que podemos ver el cuadro completo, podemos entender que el gran obstáculo para estas personas no es su falta de recursos, ni siquiera su falta de lo que llamamos "suerte", sino más bien la falta del correcto uso del razonamiento. De ahí concluimos que si logramos cambiar el razonamiento con el que estas personas trabajan, bien pudiéramos lograr que en vez de solamente tener un barbecho (terreno sin cultivarse), logren tener una panadería que produzca pan, no solo para ellos alimentarse, sino para alimentar a muchos. Por consecuencia, dejarían de ser pobres para siempre.

> UN PRESUPUESTO ES EL PRIMER PASO PARA TODO AQUEL QUE TENGA GRANDES ASPIRACIONES FINANCIERAS.

---

4. Logos Bible Software, Diccionario Strong de palabras hebreas y arameas del Antiguo Testamento, J. (2002). Nueva concordancia Strong Exhaustiva: Diccionario (p. 21). Nashville, TN: Caribe.

El juicio es lo que usamos para hacer elecciones y decisiones antes de tomar acciones, para garantizar que los resultados son los deseados. El juicio es lo que destinamos para crear presupuestos, manejar las cuentas, clasificar las salidas, y establecer lo que es importante y lo que no lo es. Un presupuesto no necesariamente garantiza que una persona se convertirá en millonaria en poco tiempo, pero ciertamente es el primer paso para todo aquel que tenga grandes aspiraciones financieras. Tal es el ejemplo del personaje del Salmo 112:

> Bienaventurado el hombre que teme a Jehová, Y en sus mandamientos se deleita en gran manera. Su descendencia será poderosa en la tierra; La generación de los rectos será bendita. **Bienes y riquezas hay en su casa**, Y su justicia permanece para siempre. Resplandeció en las tinieblas luz a los rectos; Es clemente, misericordioso y justo. El hombre de bien tiene misericordia, y presta; **Gobierna sus asuntos con juicio**, Por lo cual no resbalará jamás; En memoria eterna será el justo. No tendrá temor de malas noticias; Su corazón está firme, confiado en Jehová. Asegurado está su corazón; no temerá, Hasta que vea en sus enemigos su deseo. Reparte, da a los pobres; Su justicia permanece para siempre; Su poder será exaltado en gloria. Lo verá el impío y se irritará; Crujirá los dientes, y se consumirá. El deseo de los impíos perecerá (Salmo 112:1–10, énfasis del autor).

Sorprendentemente, encontramos a esta otra persona con un ejemplo totalmente opuesto al de las personas pobres de Proverbios 13:23. En el caso del Salmo 112, el hombre no es pobre, sino que tiene bienes y riquezas en su casa, y nos dice que una de las razones por las que está en esa posición financiera es porque "*gobierna* (administra) *sus asuntos con juicio*". Por si esto fuera poco, añade que debido a esa forma de manejar sus cuentas, "*no resbalará jamás*". Esto es lo que se llama el poder de un buen mayordomo, una persona que no solamente tiene sueños y aspiraciones, sino que también toma los pasos necesarios para que estos se hagan realidad.

Note que la diferencia crucial entre los personajes de Proverbios 13:23 y el del Salmo 112 no está en la falta de Dios, ni tampoco en las oportunidades que tienen en la vida, sino en la forma en que gobiernan sus asuntos. El del Salmo 112 lo hace con juicio; los de Proverbios 13:23 lo hacen con falta de juicio, y los resultados son exactamente opuestos, como es de esperarse. Unos son pobres, mientras el otro tiene bienes y riquezas en su casa, con la garantía de no resbalar jamás. Este fue el propósito de Jesús cuando nos habló del presupuesto en primer lugar: garantizar que los resultados sean favorables y consistentes. No es que Dios quiera meter Sus manos en mis cuentas personales (y si así fuera, qué bendición sería), sino que Él es todo sabiduría, desea el bien y el progreso para Sus hijos, y nos advierte que la forma de lograrlo es sentándonos primero a crear un presupuesto, y luego tener la disciplina y el compromiso de seguirlo.

Cómo preparar su presupuesto

Un presupuesto es, como hemos dicho antes, la capacidad de usar los ingresos y repartirlos de forma inteligente en lo que son las obligaciones (salidas) y el balance que siempre debe quedar en una cuenta. Hablemos entonces en detalle de estos tres componentes principales.

1. Ingresos

El diccionario define la palabra ingreso como "ganancias económicas percibidas regularmente por algún oficio o labor realizada". Dice también que es el dinero que se gana una persona o una empresa. Son las entradas que llegan a una cuenta o a un bolsillo. Hablaremos de crear múltiples formas de ingreso más adelante en el libro.

Los ingresos varían de caso en caso, y estos pueden ser fijos o variables, de acuerdo a la profesión de cada quien. Por ejemplo, un vendedor tiene ingresos variables, porque estos dependen de la cantidad de ventas que haga en determinado período de tiempo. Pero un oficinista, o un empleado de una tienda tienen generalmente un ingreso fijo, porque tiene un horario que cumple, y un acuerdo de salario que se ha establecido de acuerdo al trabajo que desempeña y las horas que trabaja.

Una vez que se ha establecido la cantidad de ingresos, se procede al segundo paso que es repartirlo en las obligaciones, y garantizar que nos deja un balance positivo.

2. Obligaciones

Las obligaciones son aquellas cuentas que se adquieren por necesidad o placer. Las obligaciones son variables en su mayoría. Por lo tanto, aprender a manejarlas con mucha sabiduría es crucial para que estén por debajo de nuestros ingresos, y que siempre pueda quedar un balance positivo en nuestra cuenta. Algunas de las obligaciones más usuales son: rentas, pagos de hipotecas, seguros, consumo eléctrico, comidas, vestidos, gastos de transporte, muebles, educación, donaciones y ahorros.

Cuando se prepara un presupuesto, lo primero que debe hacerse es establecer cuántos son los ingresos (o un aproximado de estos) y luego restarle las obligaciones, lo cual dará como resultado un balance.

	$ Ingresos
Menos (-)	$ Obligaciones
Igual (=)	$ Balance

Es muy importante tomar en cuenta que las obligaciones nunca pueden superar los ingresos. Es decir, la cantidad de dinero que se usa en obligaciones debe ser menor a la cantidad que entra en una cuenta. Cuando sucede lo contrario, y la cantidad de ingresos es menor a la cantidad que está en la casilla de obligaciones, entonces tenemos como resultado un balance negativo. Esto es una alerta roja que nos advierte que la economía en algún momento va a colapsar, porque no es posible sostener ese esquema por mucho tiempo. El final de una crisis financiera por causa de un balance negativo es conocido como bancarrota, y una muy negativa reputación ante acreedores y conocidos.

Vamos a utilizar como ejemplo a una pareja de jóvenes que recién se acaban de casar. Él trabaja en una oficina, y sus ingresos son $2.200.00 mensuales. Su esposa trabaja en una tienda, y sus ingresos son $1.600.00 mensuales. Ahora que están casados, sus ingresos suman un total de $3.800.00 mensuales. Ellos deciden mudarse a vivir solos en un apartamento que está ubicado en una zona muy prestigiosa de la ciudad porque quieren mostrar su pronto progreso, y así poder calzar dentro de cierto grupo social.

El alquiler les cuesta $2.000.00 mensuales, lo cual no pareciera, a simple vista, ser una amenaza a su salud financiera, porque sus ingresos superan esa suma. Pero resulta que ahora sus empleos les quedan retirados de la zona donde se han mudado, y necesitan comprarse un vehículo para cada uno. Después de negociar con un vendedor de autos, terminan adquiriendo una deuda de $800.00 mensuales en la cuota a pagar a la financiadora de los dos vehículos.

La financiadora exige que estos vehículos estén asegurados durante la duración del préstamo, que son 5 años. El pago mensual de los seguros asciende a $300.00 mensuales.

Es aquí donde las cosas comienzan a ponerse un poco difíciles, porque solamente en pago de alquiler, pago de vehículos y seguros, las obligaciones de estos jóvenes son de $3.100.00 mensuales. Eso les deja con un restante de $700.00 en el mes. Si tomamos en cuenta el resto de las obligaciones que normalmente tiene un presupuesto como el de la pareja de jóvenes recién casados, que son electricidad, alimentación, vestimenta, combustible, teléfonos, lavandería, peluquería y otros gastos que siempre se suman a las obligaciones, pronto veremos cómo estos jóvenes se verán en serios aprietos financieros. Esto, además de causar un estrés innecesario en la recién nacida relación, también amenaza con llevarles a la quiebra.

Salarios:	$3,800.00
Menos (-)	$2,000.00 Renta
Menos (-)	$1,100.00 Vehículos y Seguros
Menos (-)	$700.00 / Demás obligaciones
Igual (=)	$- Balance / Seguramente Negativo

Las soluciones a un presupuesto con balance negativo como el de los jóvenes de nuestro ejemplo y para cualquier otro caso, son dos:

1.   Aumentar los ingresos sin alterar las obligaciones hasta que los ingresos sean mayores a las cuentas por pagar.

2.   Reducir las obligaciones hasta el punto que estas sean menores a los ingresos.

Por supuesto, la opción número uno es la que luce más atractiva, y la que quizás la mayoría de las personas quisieran o preferirían. El asunto es que no siempre es posible aumentar los ingresos de forma rápida. En la mayoría de los casos, hacerlo toma tiempo, y hacer el cambio en el presupuesto es crucial y demanda acción inmediata para no caer en bancarrota. Si ese fuera su caso, entonces debe procederse a actuar con la opción número dos, que es reducir las obligaciones poniendo especial atención a aquellas cuentas que no son necesarias o indispensables. Algunos ejemplos son: televisión por cable, viajes de placer, comidas en restaurantes, accesorios electrónicos, ropas para paseos, y algunas otras cosas que pueden identificarse teniendo una conversación muy seria con los involucrados en el presupuesto.

Después de hacer todos los ajustes necesarios y verificar que el balance es positivo, se requiere de una disciplina muy afinada para mantenerse así por el tiempo suficiente hasta que los ingresos puedan ser mayores, y nos permitan entonces ajustar las obligaciones a una posición un poco más relajada.

Volviendo al ejemplo de los jóvenes recién casados, para ellos poder dar una solución pronta a su situación, deberían reconsiderar la idea de vivir en un estilo de vida que demande tanta inversión de parte de ellos. Para comenzar sería mejor para ellos vivir en un apartamento que no pague un alquiler mayor a los $1.000.00 mensuales. Además, en vez de pagar una cuota mensual por dos vehículos, deberían considerar pagar solamente por una. Esta última decisión afectaría también los gastos de seguro de automóvil. De esta forma estarían logrando reducir sus obligaciones por unos $1.600.00 mensuales, lo cual sería muy importante para su economía. Este cambio ayudaría a producir un balance positivo que sirve para proyectarse a un buen futuro financiero, y eliminaría tensiones innecesarias en la relación.

Salarios:	$3,800.00
Menos (-)	$1,500.00 Renta
Menos (-)	$500.00 Vehículo y Seguros
Menos (-)	$2,300.00 / Demás obligaciones
Igual (=)	$+Balance / Seguramente Positivo

Obligaciones intocables

Cuando se están modificando las cuentas para conseguir un balance positivo, existen obligaciones que no son negociables, es decir, que no deben tocarse o alterarse nunca. Aunque la mayoría de ellas son entendibles por causas lógicas, es bueno mencionar dos de estas obligaciones que en algunos casos no son vistas como intocables por algunas personas, y que pueden causar daños peligrosos a la economía. Estas son el diezmo (donación a la comunidad religiosa a la que asistimos) y los ahorros.

El diezmo

Dios estableció principios que guían al hombre a honrar a Dios con el dinero, para que el hombre no pierda la moral y termine sirviendo al dinero. La persona que no use su dinero para honrar y servir a Dios, terminará tratando de usar a Dios para conseguir más dinero. La Biblia dice:

> *Indefectiblemente **diezmarás** todo el producto del grano que rindiere tu campo cada año. Y comerás delante de Jehová tu Dios en el lugar que él escogiere para poner allí su nombre, el diezmo de tu grano, de tu vino y de tu aceite, y las primicias de tus manadas y de tus ganados, **para que aprendas a temer a Jehová tu Dios todos los días*** (Deuteronomio 14:22-23, énfasis añadido por el autor).

Dios conoce al ser humano, y sabe que la única manera de mantenerlo protegido es que aprenda a vivir en el temor de

Dios. La ley del diezmo es una de esas reglas que nos ayuda a vivir en ese temor. La persona que diezma:

+ Está admitiendo su dependencia de Dios. Esto se llama humildad.

+ Está admitiendo el señorío de Dios sobre su vida. Esto se llama dependencia.

+ Está admitiendo que sus prioridades están bien ordenadas. Esto se llama sumisión.

+ Está mostrando sometimiento a las leyes de Dios. Esto se llama obediencia.

+ Está siendo fiel con lo que Dios le da. Esto se llama lealtad.

+ Está adaptándose al modelo de vida de Dios. Esto se llama piedad.

+ Está abriendo su corazón para compartir de lo que Dios le da. Esto se llama generosidad.

+ Quiere entregar cuentas claras a Dios cuando se encuentre con Él. Esto se llama pureza.

+ Está reconociendo que Dios sabe más de finanzas que él. Esto se llama respeto.

+ Está haciendo las cosas como Dios dice. Esto se llama sabiduría.

+ Está poniendo a Dios en primer lugar en su vida. Esto se llama temor de Dios.

+ Está impulsando el Reino de Dios en la tierra. Esto se llama compasión por los menos afortunados.

+ Está reconociendo que lo que recibió vino de Dios. Esto se llama agradecimiento.

+ Está permitiendo al Espíritu Santo gobernar su vida. Esto se llama ser sensible.

+ Está haciendo lo correcto. Esto se llama integridad.

+ Está sembrando parte de lo que cosechó, y no se come todo el producto porque quiere seguir cosechando. Esto se llama visión.

+ Cree que el sistema financiero de Dios es mejor que cualquier otro sistema humano. Esto se llama fe.

+ Está honrando a Dios con sus bienes. Esto se llama adoración.

+ Le está entregando a Dios lo que es de Dios, y no quitándole a Dios para darle al césar. Esto se llama orden.

+ Piensa que es mucho más importante quedar bien con Dios que quedarse con dinero. Eso se llama honestidad.

+ Elige no ser avara. Esto se llama abnegación.

+ Sabe que las promesas de Dios se cumplirán en su vida. Esto se llama esperanza.

+ No lo hace porque le sobre, sino porque su pasión por Dios es muy grande. Esto se llama amor.

+ Le está despejando el camino al Señor para que prospere su vida.

La razón por la cual consideramos que el diezmo es una de esas obligaciones intocables, es porque la Biblia garantiza que al diezmar, Dios se compromete a abrir las ventanas de los cielos, y derramar sobre nosotros bendición hasta que sobreabunde (vea Malaquías 3:10). Cualquiera que esté seriamente comprometido a tener éxito financiero debe admitir que dejar fuera a Dios y Su promesa de activar la abundancia en los que diezman no es, ni será nunca una idea negociable. Los ejemplos abundan en todo el mundo, pero a continuación le brindo una lista de algunos de los personajes más sobresalientes en nuestra época moderna, que a pesar de no haber tenido espléndidos comienzos en el área financiera, vieron sus finanzas crecer a partir del principio del diezmo.[5]

+ Mary Kay Ash: Fundadora de Mary Kay Cosmetics (multimillonaria)

---

5. Consultado en línea www.diosloshizoricos.blogspot.com

- Milton Hershey Snaveley (multimillonario)

- Robert Gilmour Letourneau: mayor fabricante mundial de maquinarias pesadas en su época (millonario)

- William Cooper Procter: dueño de Procter & Gamble: Pampers, Ariel, Head & Shoulders, Wella (millonario)

- Coronel Sanders: fundador de Kentucky Fried Chicken (Pollo Frito de Kentucky) (millonario)

- Henry Parsons Crowell: fundador y dueño de Quaker Oats Company (Avena Quaker) (millonario)

- Henry Ford: creador de Ford Motors (industria automotriz) (millonario)

- Henry John Heinz: fabricante de pepinillos, aderezos, condimentos y otros alimentos (millonario)

- James Cash Penney: estableció una de las mayores cadenas de tiendas en Estados Unidos (JC Penney) (millonario)

- James Lewis Kraft: el mayor fabricante de quesos a nivel mundial (millonario)

- William Colgate: fabricante de jabones y pasta dental Colgate Palmolive (millonario)

- William Wrigley: fabricante de goma de mascar (millonario)

- John D. Rockefeller: magnate del petróleo (millonario)

- Asa Griggs Candler: propietario de Coca-Cola Company (millonario)

- Brownie Wise: Vicepresidenta ejecutiva de Tupperware Inc. (millonaria)

- Bill Gates: creador y dueño de Microsoft (multimillonario)

Todas estas personas lograron experimentar éxitos ejemplares en su vida financiera, y nos queda el registro como testimonio de que no es en vano ajustarse a los principios divinos para manejar nuestras fianzas. La lista es mucho más amplia que esta, pero si tuviéramos que mencionar uno por uno los nombres de todos los que asisten hoy a las iglesias y cumplen con diezmar, nos tomaría unos cuantos libros hacerlo. Sí podemos asegurar que como consecuencia ellos han experimentado la fidelidad de Dios en su vida financiera.

Los ahorros

La definición del Diccionario de la Lengua Española dice que ahorrar es "reservar una parte de los ingresos ordinarios, o guardar dinero como previsión para necesidades futuras". Me gusta poder definir esta palabra porque para muchas personas el concepto ahorro se reduce simple y sencillamente a una respuesta a sus miedos respecto al futuro. Pero una mirada más certera a su definición y a lo que la Biblia enseña sobre el tema nos demuestra que ahorrar es mucho más que mitigar nuestros miedos. A mí me gusta enseñar en mis seminarios que prosperidad financiera no es una alternativa a caminar por fe. Por el contrario, es una evidencia de que andamos por fe, y que Dios premia con abundancia a los que así caminan. Del mismo modo, los ahorros no son falta de fe, sino una muestra de la promesa de abundancia que Dios ofrece a Sus hijos fieles.

Ahora bien, la razón por la que decimos que el ahorro es otra de las obligaciones intocables es porque la Biblia enseña que el ahorro es un hábito de gente sabia. El sabio Salomón lo dijo a través de la parábola de la hormiga:

> Ve a la hormiga, oh perezoso, Mira sus caminos, y sé sabio; La cual no teniendo capitán, Ni gobernador, ni señor, Prepara en el verano su comida, Y recoge en el tiempo de la siega su mantenimiento (Proverbios 6:6-8).

Los ahorros son obligaciones no negociables, al menos por estas ocho razones:

1. Son un hábito de gente sabia.

2. Son la respuesta a una vida diligente y trabajadora.

3. Son la evidencia de un presupuesto bien hecho.

4. Son la demostración de un compromiso serio con el éxito y la prosperidad financiera.

5. Son parte del estilo de vida que Dios aprueba.

6. Donde hay ahorros, no hay temor de malas noticias.

7. Donde hay ahorros hay respuesta a los imprevistos.

8. Los ahorros pudieran ser una evidencia de que todo lo demás está en orden en la parte financiera.

Un presupuesto dirigido a la prosperidad: ¡ahorre!

Llegar a este punto es demasiado importante, y es donde se puede apreciar si estamos trabajando o no con sabiduría para prosperar. Esto no es sencillo. De hecho, son muy pocas las personas que se manejan con un presupuesto que mantiene estas dos obligaciones como intocables. Aún son muchas las personas que no cuentan con un plan de ahorros en su presupuesto. La empresa Bankrate.com[6] condujo una encuesta sobre los ahorros en los residentes en Estados Unidos para mediados del año 2013, y los resultados aseguran que más del 75 por ciento de los americanos no tienen ahorros, y viven de día a día con su cheque.

Para llegar a tener ahorros, es importante trabajar con porcentajes en las dos cifras principales del presupuesto:

---

6. Consultado en línea www.bankrate.com

ingresos y obligaciones. Estos porcentajes dependen estrictamente del criterio personal del encargado de las cuentas o de la proyección que se tenga a corto, mediano y largo plazo, con respecto a la posición financiera que se quiere lograr. Algunos de los más comunes son: el 10% – 10% – 80%; el 10% – 20% – 70%; y el 10% – 30% – 60%, siendo este último el ideal, pero al mismo tiempo el menos fácil de lograr.

El modelo de presupuesto 10% – 10% – 80% es el más pequeño de todos los programas de un presupuesto dirigido a la prosperidad. Los números se refieren a la fórmula que usamos para manejar el 100 por ciento del ingreso, estableciendo en primer lugar las dos obligaciones intocables, y luego todo lo demás.

Primero separamos el 10 por ciento del diezmo. Luego separamos el siguiente 10 por ciento para ahorros. Por último colocamos en la columna de las demás obligaciones el 80 por ciento de los ingresos. Ese 80 por ciento debería ser suficiente para el sostenimiento del hogar, y el cumplimiento de todas las cuentas por pagar.

En el caso del modelo 10% – 20% – 70%, la fórmula funciona de forma semejante, donde se separa primeramente el 10 por ciento del diezmo, luego el 20 por ciento para ahorros, y por último se usa el 70 por ciento restante para las demás obligaciones. Este modelo es muy efectivo, y demuestra que la economía se está manejando con un alto sentido de responsabilidad y de sabiduría.

El modelo del 10% – 30% – 60%, al igual que los dos anteriores, pretende que se separe en primer lugar el 10 por ciento del diezmo, luego el 30 por ciento para los ahorros, y el restante 60 por ciento para el resto de las obligaciones. Cuando un presupuesto se está manejando de forma cómoda con este último modelo, han llegado la prosperidad y el tiempo de abundancia. Ya se sabe de forma certera que esa economía *"no resbalará jamás".*

Es importante saber que no es una obligación empezar con el modelo 10% – 30% – 60% de forma inmediata en una economía. Se puede llegar allí de forma gradual, empezando con el modelo del 10 – 10 – 80, y procurar ir modificando de forma positiva la segunda cifra, hasta llegar a su estado máximo posible según el presupuesto que se maneje y la proyección financiera que se tenga. Es importante señalar que la cifra afectada debe ser la tercera que es la del resto de las obligaciones, y nunca la primera, el diezmo con el que honramos a Dios. Esa debe ser la principal de todas las obligaciones en todo presupuesto que se maneja con sabiduría para prosperar.

Continuando con el ejemplo de los jóvenes recién casados, y adaptándolo al primer modelo que es el 10% – 10% – 80%, su economía debería verse así:

Sus ingresos son de $3.800.00 mensuales. Si ellos deciden usar sabiduría en vez de tratar de simplemente complacer los estándares establecidos por cierta elite, en primer lugar cumplen con sus obligaciones no negociables que son $380.00 de diezmos, y $380.00 de ahorro. Luego, procuran mantener su obligación de alquiler no mayor a los $1,000.00, su obligación por un solo vehículo no mayor a los $350.00, y una cuota de seguro de seguro que sería de $150.00. Después de sumar estos números, tenemos un total de $2,260.00. Eso significa que estos jóvenes cuentan con $1,540.00 para el resto de sus obligaciones mensuales, las cuales deberían mantenerse alrededor de los $1,240.00 para que les quede un balance restante de unos $300.00 que son los que deben ser usados eventualmente para invertir y multiplicar su dinero.

Salarios:	$3,800.00
Menos (-)	$380.00 / Diezmos
Menos (-)	$380.00 / Ahorros
Menos (-)	$1,000.00 Renta
Menos (-)	$500.00 Vehículo y Seguro
Menos (-)	$1,240.00 / Demás obligaciones
Igual (=)	$+300.00

El peligro de no ahorrar

Cuando el 80 por ciento en un presupuesto no es suficiente para cubrir todas las obligaciones que quedan fuera de las obligaciones intocables, se corre el riesgo de caer en la tentación de usar las "obligaciones intocables" para cubrir el faltante. Cuando se llega a ese punto, simplemente se ha caído en la penosa posición de manejar un presupuesto que nos mantiene vivos, pero que no nos permite prosperar financieramente. La Biblia le llama a este modelo de administración *"un mal doloroso"*.

> *Hay un mal doloroso que he visto debajo del sol: las riquezas guardadas por sus dueños para su mal; las cuales se pierden en malas ocupaciones, y a los hijos que engendraron, nada les queda en la mano* (Eclesiastés 5:13-15).

Es demasiado importante para Dios trabajar pensando en el futuro, tal como vimos en el ejemplo dado por el sabio Salomón sobre la hormiga, que trabaja no solo pensando en lo que puede comer hoy, sino también en lo que va a comer mañana. Para eso es crucial establecer un presupuesto para prosperar basado en porcentajes. Una vez que llegamos allí, ya estamos encaminados a ser de los que Dios les llama "buenos", porque administran pensando en el futuro y en sus generaciones. La Biblia dice: *"El bueno dejará herederos a los hijos de sus hijos; Pero la riqueza del pecador está guardada para el justo"* (Proverbios 13:22).

A la pareja de jóvenes que hemos estado usando como ejemplo le irá muy bien si mantiene su presupuesto aferrado a la sabiduría. Después de todo, se han mantenido ahorrando $380.00 mensuales, lo cual multiplicado por 10 años serían $45.600.00. Esto es sin tomar en cuenta los intereses que ha ganado este dinero, si se deposita en una cuenta regular de ahorro, las cuales pagan un aproximado de 1.05% anual, que representaría un total de $48.087.57. Cuando lleguen los hijos, no tendrán que pasarle deudas a sus cuentas, ni tampoco habrá preocupaciones por gastos de universidad cuando estos lleguen, porque los ahorros de todos estos años estarán allí para garantizar el éxito de sus sueños.

Balance

El balance es aquel número al que llegamos después de haber repartido los ingresos entre las obligaciones. En un presupuesto hecho con sabiduría, siempre debe haber un balance restante, lo que también se conoce en economía como sobrante. Muchas personas no ven como importante este último número, y aún cometen el error de injertarlo a sus obligaciones en forma de vacaciones o placeres.

> EN UN PRESUPUESTO HECHO CON SABIDURÍA, SIEMPRE DEBE HABER UN BALANCE RESTANTE

Como lo dice Robert Kiyosaki en su libro *Padre Rico, Padre Pobre*: "Una diferencia importante es que los ricos compran los lujos al final, mientras que los pobres y la clase media tienden a comprar los lujos primero".

Pero las matemáticas inteligentes nos demuestran que contar con un balance es la forma más efectiva de llegar a un capital para inversión. De esto hablaremos en el capítulo de la multiplicación.

El balance es aquel número que podemos usar para invertir y multiplicar el dinero, sin necesidad de poner en riesgo aquellas cosas que están listadas como obligaciones en nuestro presupuesto. Mientras más grande sea el sobrante, mayor capital para inversión habrá, y como consecuencia, mayores posibilidades de multiplicación financiera también. Es por

> UN BALANCE ES LA FORMA MÁS EFECTIVA DE LLEGAR A UN CAPITAL PARA INVERSIÓN.

eso que el balance es un número importante que debe ser respetado y garantizado cada vez que se trabaja con sabiduría para prosperar.

CAPÍTULO 7

LA MULTIPLICACIÓN NO ES OPCIONAL

Si quieres ser rico, no aprendas solamente
a saber cómo se gana, sino también cómo
se invierte. —Benjamín Franklin

Durante mi niñez, puedo decir que la escuela no era un inconveniente para mí. Me gustaba ir, conocer amigos, y pasarla bien. Era un estudiante promedio, pero las matemáticas no fueron muy buenas amigas mías durante los primeros años. No se me hacía fácil encontrar las respuestas a las asignaciones, no me gustaba oír decir a los profesores las palabras "la raíz cuadrada de la hipotenusa", o "el cuadrado de los catetos es igual a la hipotenusa". Para mí, en aquellos momentos, me estaban hablando en términos "marcianos"; no entendía absolutamente nada. Yo recuerdo algunas veces ir caminando de regreso a casa, y con mi mente inocente de niño preguntarme: ¿Cómo es posible que un profesor sea tan desconsiderado para darle a un niño a resolver problemas de adultos?

Hasta que me sucedió algo que mis padres se encargaron de hacerme lamentar por mucho tiempo. Reprobé el cuarto grado de primaria. Mis notas en matemáticas fueron un completo desastre, y la escuela resolvió que yo debía repetir el grado. Para mí fue muy desagradable ver a mis amigos ir al quinto grado, y ahora tener que hacerme amigo de los que estaban en tercer grado. Pero de aquella experiencia surgió algo muy bueno. Una de mis tías me prometió ayudarme, y dedicarse a enseñarme matemáticas hasta que yo llegara a ser el mejor estudiante de aquella escuela. Y lo logró. Durante los años siguientes fui el estudiante más sobresaliente en matemáticas de toda la escuela. Mi tía Blanca me explicó cosas que hasta el día de hoy son muy importantes para mi vida. Ella decía: "Las fórmulas y los procesos son los mismos, independientemente de los problemas".

Mi tía tuvo mucha paciencia para explicarme cómo funcionaban los elementos más básicos de la matemática: la suma, la resta, la multiplicación y la división. Una vez que me ayudó a tener entendimiento en aquellas cosas, el resto se volvió mucho más fácil. Desde entonces entendí que no existen problemas difíciles; solo existe falta de soluciones fáciles. Cuando uno entiende las fórmulas y los procesos para encontrar respuestas, no importa el tamaño del problema, siempre hay solución.

> NO EXISTEN PROBLEMAS DIFÍCILES; SOLO EXISTE FALTA DE SOLUCIONES FÁCILES.

Las matemáticas, al igual que todo en la vida, son algo difícil cuando falta entendimiento sobre los principios y los procesos para resolver problemas. Todo se vuelve más sencillo cuando se entienden las fórmulas básicas de la vida. Saber el qué, el cómo, el cuándo y el a dónde es la base de la solución de la mayoría de los problemas. Mi profesor de *coaching* y gran amigo, el doctor Héctor Teme, suele decir en sus clases lo siguiente: "No soy lo que no soy, porque no hago lo que no hago; y no hago lo que no hago porque no sé lo que no sé. Pero cuando sepa lo que no sé, entonces haré lo que no hago; y cuando haga lo que no hago, por fin podré ser lo que no soy".

El conocimiento

Nunca más he vuelto a tener problemas con las matemáticas, porque sé manejar las fórmulas básicas que ayudan a traer soluciones a cualquier tipo y tamaño de problemas. Siempre tendré presente el esfuerzo y la paciencia que tuvo conmigo mi amada tía, sobre todo aquella gran lección que me dio cuando me enseñó que lo importante no es ver el tamaño del problema, sino conocer las fórmulas y los principios para solucionarlos.

En cierta ocasión encontramos al pueblo de Dios pasando problemas financieros y de todo tipo, muy serios, debido a la falta de entendimiento y conocimiento para traer soluciones.

> *Por tanto, mi pueblo fue llevado cautivo, porque no tuvo conocimiento; y su gloria pereció de hambre, y su multitud se secó de sed* (Isaías 5:13).

Note que el pasaje muestra que estas personas no habían dejado de ser "pueblo de Dios". Tampoco está diciéndonos que Dios ha dejado de amarlos o que está de alguna forma cansado de ellos. Lo que sí está muy claro es cómo nos muestra las consecuencias que están viviendo porque les faltó conocimiento. La vida es muy frustrante, y los problemas se vuelven insuperables cuando el conocimiento básico no está. El saber es más poderoso que cualquier situación. Por eso Dios es tan insistente en motivar a Sus hijos a amar y buscar la sabiduría, porque si hay conocimiento, todo en la vida se vuelve más fácil. Salomón fue el que escribió que cuando hay sabiduría, la prosperidad, el éxito y la multiplicación son inevitables:

> CUANDO HAY SABIDURÍA, LA PROSPERIDAD, EL ÉXITO Y LA MULTIPLICACIÓN SON INEVITABLES.

> *Yo, la sabiduría, habito con la cordura, Y hallo la ciencia de los consejos. El temor de Jehová es aborrecer el mal; La soberbia y la arrogancia, el mal camino, Y la boca perversa, aborrezco. Conmigo está el consejo y el buen juicio; Yo soy la inteligencia; mío es el poder. Por mí reinan los reyes, Y los príncipes determinan justicia. Por mí dominan los príncipes, Y todos los gobernadores juzgan la tierra. Yo amo a los que me aman, Y me hallan los que temprano me buscan.*

Las riquezas y la honra están conmigo; Riquezas duraderas, y justicia. Mejor es mi fruto que el oro, y que el oro refinado; Y mi rédito mejor que la plata escogida. Por vereda de justicia guiaré, Por en medio de sendas de juicio, Para hacer que los que me aman tengan su heredad, Y que yo llene sus tesoros (Proverbios 8:12-21).

Salomón vivió y experimentó todo esto, no durante toda su vida, sino hasta después de aquella petición que le hizo Dios cuando subió al monte Gabaón, y le dijo:

Dame ahora sabiduría y ciencia, para presentarme delante de este pueblo; porque ¿quién podrá gobernar a este tu pueblo tan grande? (2 Crónicas 1:10)

A Dios le agradó aquella petición, y la respuesta fue:

Y dijo Dios a Salomón: Por cuanto hubo esto en tu corazón, y no pediste riquezas, bienes o gloria, ni la vida de los que te quieren mal, ni pediste muchos días, sino que has pedido para ti sabiduría y ciencia para gobernar a mi pueblo, sobre el cual te he puesto por rey, sabiduría y ciencia te son dadas; y también te daré riquezas, bienes y gloria, como nunca tuvieron los reyes que han sido antes de ti, ni tendrán los que vengan después de ti. Y desde el lugar alto que estaba en Gabaón, delante del tabernáculo de reunión, volvió Salomón a Jerusalén, y reinó sobre Israel (2 Crónicas 1:11-13).

De nuevo, cuando hay sabiduría, conocimiento y entendimiento, las evidencias son visibles en todas las áreas. El área financiera no solo es una de ellas. Es en la que se refleja de una forma más palpable. De allí que Salomón fuese premiado por Dios de esa forma, al punto que según los libros que registran a las personas más acaudaladas que han vivido en la historia, nunca nadie ha podido igualar la riqueza del afamado hijo del rey David. Todo comenzó con una oración en la que él le pide a Dios sabiduría y conocimiento.

Reglas básicas de multiplicación

La multiplicación es ese proceso por el cual un dígito puede hacerse más grande. La diferencia entre sumar y multiplicar es muy sencilla: sumar es añadir a lo que ya se tiene, pero multiplicar es por lo menos duplicar lo que ya se tiene. Por ejemplo, si usted tiene cinco dólares, y le suma otros tres dólares, entonces tendrá ocho dólares. Pero si usted atraviesa esos cinco dólares por un proceso de multiplicación es distinto, porque nunca podrá tener como resultado menos del doble. Si los cinco los multiplica por dos, usted tendrá diez; y si los multiplica por tres, entonces tendrá quince; y así consecutivamente. Pero nunca tendrá menos que el doble. La aplicación de esta diferencia en el mundo de las finanzas es así:

+ La suma representa el salario que ganamos, y que se nos añade semanal, quincenal o mensualmente.

+ La multiplicación representa las inversiones que producen buenos dividendos.

Una de las reglas más importantes y básicas de las matemáticas es que demuestran que para poder multiplicar un dígito se necesita al menos otro dígito mayor a uno. Porque si lo hace con un dígito menor al dos, los resultados serán que no se multiplica, sino que sucede una de dos cosas: o se queda igual o se reduce. Si multiplica el número cinco por uno, tendrá como resultado cinco; y si lo multiplica por cero, entonces el resultado será cero.

Entender todo lo anterior es importante porque para multiplicar el dinero, lo primero que se necesita es tener dinero. No se puede multiplicar el cero, ni tampoco el uno. Se necesita como mínimo el número dos para poder hacerlo. En otras palabras, querido lector, lo primero que debemos tomar en cuenta es que para poder multiplicar, tenemos que pensar en lo que nos sobra en el balance después de todas las obligaciones, como aprendimos en el capítulo anterior.

El sobrante que tenemos en el balance, ese extra que nos debería quedar después de todas las obligaciones, no es para gastarse comprando cosas que no necesitamos, sino debe ser usado para la multiplicación. Ese sobrante se llama "dinero para inversión".

Mientras más alto sea el número que nos sobre en el balance, más capacidad de invertir y multiplicar tendremos. Es por eso que como primera meta, para poder entrar en un proceso de multiplicación, debemos proponernos reducir al máximo las obligaciones negociables, porque las intocables no pueden ser reflejadas en un presupuesto como parte del balance sobrante. Recuerde bien que siempre hay que tomar en cuenta, independientemente de cuántos son los ingresos, que existen formas de reducir las obligaciones. Para eso hay que tener un alto sentido de disciplina y autocontrol, para saber reconocer la diferencia entre lo que en realidad necesito, y aquello que solamente quiero.

En el capítulo anterior cuando utilizamos el ejemplo de una pareja de jóvenes recién casados, aprendimos que al usar la sabiduría en las decisiones les ayudó a lograr estabilidad en su vida financiera. Saber distinguir lo que es importante para la salud financiera es el primer paso hacia la multiplicación. Esta debe comenzar con utilizar los mismos recursos, sin poner en riesgo las obligaciones.

> SABER DISTINGUIR LO QUE ES IMPORTANTE PARA LA SALUD FINANCIERA ES EL PRIMER PASO HACIA LA MULTIPLICACIÓN.

Ahora usaremos el mismo ejemplo de los jóvenes para llevarlos al nivel de la multiplicación.

Como recordaremos, ellos tienen un ingreso mensual de $3.800.00, que es la suma de sus dos salarios. La idea, como estamos estudiando en este capítulo, es ayudarlos a multiplicar sus ingresos. En el capítulo anterior vimos que las decisiones de estos jóvenes fueron importantes para evitar el fracaso, y asegurar un futuro mejor para cuando lleguen los niños. Ahora les ayudaremos a pasar al siguiente nivel, que no pretende solamente que nos mantengamos bien, sino ayudarnos a multiplicar para llegar a la abundancia.

Los jóvenes lograron ajustar sus gastos, eliminando aquellas cosas que sin dejar de ser importantes, representaban una amenaza para su éxito financiero. Decidieron reducir las obligaciones negociables mudándose a un apartamento no muy caro, y adquiriendo un solo vehículo nuevo en vez de dos, para lograr un balance restante de $300.00 después de haber cumplido con todas sus obligaciones, tanto las no negociables como las negociables. Ahora la idea es usar ese balance restante para traer más dinero, sin tener que tocar y poner en riesgo los otros $3.500.00 que son los que se usan para sus obligaciones y mantener el hogar.

Lo que necesito y lo que quiero

Cuando una persona logra hacer una distinción entre estos dos términos, está definitivamente en la ruta correcta de la sabiduría para prosperar. Recuerde que cuando Dios quiso bendecir la tierra, primero tuvo que traer orden, y lo hizo de esta manera. En el día número uno, Dios dijo *"sea la luz"*, y la luz fue. En el día número dos, Dios hizo los cielos, a los que llamó expansión, y separó las aguas

> PARA QUE HAYA MULTIPLICACIÓN, PRIMERO DEBE HABER ORDEN.

de arriba y las aguas de abajo. El orden incluía el hacer separación entre las cosas que deben estar arriba, y las que deben estar abajo. Una vez que hubo orden, Dios menciona por primera vez la palabra multiplicación. Podemos afirmar que para que haya multiplicación, primero debe haber orden. El orden comienza con la luz, que significa conocimiento y sabiduría. Luego, separar y poner algunas cosas arriba y otras abajo, porque antes de la bendición y la multiplicación siempre debe haber orden.

Desde ese punto de vista, hay muchas personas que no han podido dar inicio a la multiplicación en sus vidas, porque aún no han podido establecer el orden adecuado a su presupuesto; el orden que incluye separar lo que debe estar arriba en la lista de prioridades, y lo que debe estar abajo en dicha lista. En muchos casos, es la falta de luz lo que no permite ver la necesidad de hacer la separación.

Un presupuesto ordenado demanda separación, y es muy importante que se establezca la diferencia entre lo que necesito, y lo que solamente quiero. Lo que necesito es todo aquello que es indispensable para el funcionamiento y sostenimiento saludable de mis proyectos. Lo que solamente quiero es aquello que me gustaría tener o comprar, pero que no es urgente para que mis proyectos se mantengan estables.

Por ejemplo, si su proyecto es el progreso financiero de su familia, entonces usted debe sentarse con todos los involucrados, y hacer una lista de las obligaciones que entran dentro de su presupuesto. Deberían ponerse en primer lugar las dos obligaciones intocables que son el diezmo y los ahorros. Luego, todas aquellas obligaciones

> A MAYOR BALANCE RESTANTE, MAYOR CAPACIDAD DE INVERSIÓN.

que son importantes deben ir en la parte de arriba de la lista. Esto incluye los pagos de rentas, seguros, uso de electricidad, comida, vestimenta, pago de teléfono, y algunas otras cosas que son de primera necesidad en su hogar, asegurándose que las más importantes siempre estén en la parte de arriba de la lista. De esta forma, las que van careciendo de importancia quedarán en la parte de abajo.

Algunas que carecen de importancia pudieran ser cable de televisión, salidas a restaurantes, joyas elegantes de vestir, perfumes de marcas renombradas, y algunas otras cosas, que si bien es cierto no es ningún pecado tenerlas, pudieran afectar el balance restante, que es lo que queremos llegar a tener para poder hacer inversiones que produzcan multiplicación en las finanzas. A mayor balance restante, mayor capacidad de inversión, y mejores dividendos que retornan a nuestros ingresos en forma de ganancia extra, logrando de forma constante la multiplicación del dinero.

Volviendo al ejemplo de los jóvenes, podemos ver cómo sus obligaciones negociables fueron ajustadas. Usaron sabiduría, que es la base de la autodisciplina, para acortar aquellos gastos que no urgen en un hogar que quiere prosperar, siempre con la idea de que pueda existir un balance restante que nos permita hacer inversiones sin poner en riesgo las obligaciones. Los jóvenes no dejaron de vivir una vida cómoda, pero sí decidieron no caer en extremos que pueden perjudicar el futuro, eliminando aquellas cosas que terminan siendo distracciones fatales para la economía.

La multiplicación no es opcional

Por supuesto que quizás habrá personas que digan: "La verdad que a mí no me interesa multiplicar mi dinero". O quizás también habrá quien diga: "Yo prefiero disfrutar lo que gano en vez de multiplicarlo". En realidad, podemos decir que cada quien es libre de hacer con su dinero lo que mejor le parezca. Sin embargo, desde una perspectiva bíblica no es así. Debemos comenzar por admitir que el dinero no es nuestro; es de Dios. Él se autoproclama como el dueño absoluto del oro y la plata del mundo (vea Hageo 2:8). Además de eso, Jesús, en una de Sus enseñanzas más renombradas, la Parábola de los Talentos, se mostró no muy contento con aquellos que no lograron multiplicar el dinero. Leamos la parábola:

> *Porque el reino de los cielos es como un hombre que yéndose lejos, llamó a sus siervos y les entregó sus bienes. A uno dio cinco talentos, y a otro dos, y a otro uno, a cada uno conforme a su capacidad; y luego se fue lejos. Y el que había recibido cinco talentos fue y negoció con ellos, y ganó otros cinco*

talentos. Asimismo el que había recibido dos, ganó también otros dos. Pero el que había recibido uno fue y cavó en la tierra, y escondió el dinero de su señor. Después de mucho tiempo vino el señor de aquellos siervos, y arregló cuentas con ellos. Y llegando el que había recibido cinco talentos, trajo otros cinco talentos, diciendo: Señor, cinco talentos me entregaste; aquí tienes, he ganado otros cinco talentos sobre ellos. Y su señor le dijo: Bien, buen siervo y fiel; sobre poco has sido fiel, sobre mucho te pondré; entra en el gozo de tu señor. Llegando también el que había recibido dos talentos, dijo: Señor, dos talentos me entregaste; aquí tienes, he ganado otros dos talentos sobre ellos. Su señor le dijo: Bien, buen siervo y fiel; sobre poco has sido fiel, sobre mucho te pondré; entra en el gozo de tu señor. Pero llegando también el que había recibido un talento, dijo: Señor, te conocía que eres hombre duro, que siegas donde no sembraste y recoges donde no esparciste; por lo cual tuve miedo, y fui y escondí tu talento en la tierra; aquí tienes lo que es tuyo. Respondiendo su señor, le dijo: Siervo malo y negligente, sabías que siego donde no sembré, y que recojo donde no esparcí. Por tanto, debías haber dado mi dinero a los banqueros, y al venir yo, hubiera recibido lo que es mío con los intereses. Quitadle, pues, el talento, y dadlo al que tiene diez talentos. Porque al que tiene, le será dado, y tendrá más; y al que no tiene, aun lo que tiene le será quitado. Y al siervo inútil echadle en las tinieblas de afuera; allí será el lloro y el crujir de dientes (Mateo 25:14-30).

Según esta parábola:

a. Un día todos seremos llamados a dar cuenta de lo que se nos ha entregado.

Todos fueron llamados a cuenta: los que multiplicaron y el que no multiplicó; los que tuvieron mucho y los que tuvieron poco. De la misma forma, nosotros seremos llamados a dar cuenta de nuestra mayordomía y administración. Es por eso que no podemos, bajo ninguna circunstancia, dejar el dinero sin multiplicar, porque en el día de las cuentas los resultados son los que cuentan.

b. El dinero no es nuestro, aunque esté en nuestras manos.

El señor le dijo al que no había multiplicado: *"Debías haber dado mi dinero a los banqueros"*. La intención de Jesús es recordarnos que aunque se nos haya entregado para manejarlo, no significa que sea nuestro. Somos solamente mayordomos de los bienes de Dios, y todo sigue siendo de Él. Es por esa razón que el Señor se siente con todo el derecho y el deber de exigir resultados, reclamar y aclarar cuentas, porque después de todo, el dinero sigue siendo de Él.

c. No es lo que tengo, sino cómo lo uso.

Existe un mito que ha hecho mucho daño a las personas que quieren multiplicarse, y es creer que hace falta tener mucho para empezar a multiplicar. Déjeme decirle, querido lector, que nada está más lejos de la verdad que ese mito. Porque otra importante enseñanza que podemos obtener de la parábola de los talentos es que el señor esperaba multiplicación de parte de los tres, independientemente de cuánto habían recibido.

Tanto el que recibió cinco, como el que recibió dos, lograron multiplicar, aunque no tenían las mismas cantidades. Porque multiplicación no tiene que ver con cuánto tengo, sino con cómo lo administro y cómo lo invierto.

El señor fue muy severo con el que había recibido uno y nunca lo multiplicó, porque sí esperaba que lo hiciera. Aunque era el que menos tenía, el señor sabía que podía hacerlo, y por eso le recriminó su actitud pasiva y miedosa.

> MULTIPLICACIÓN NO TIENE QUE VER CON CUÁNTO TENGO, SINO CON CÓMO LO ADMINISTRO Y CÓMO LO INVIERTO.

d. El miedo es un enemigo fatal de la multiplicación.

Uno de los enemigos más peligrosos que tiene la multiplicación es el miedo. Es muy peligroso porque muchas veces suele llegar bien disfrazado como de *"prudencia"*, *"lógica"*, *"análisis"* o de *"pensamiento razonable"*. No es que estas virtudes sean malas, sino que a veces están fundamentadas en el miedo a perder, llevando a muchas personas a la parálisis en cuanto a la acción para la multiplicación. Tal fue el caso del personaje que no multiplicó en la parábola de los talentos, sus palabras fueron: *"tuve miedo, y fui y escondí tu talento en la tierra".* Así es como muchas personas dejan pasar oportunidades importantes en su vida, por el miedo. Permítame recordarle algunos episodios bíblicos que confirman todo esto:

+ Adán tuvo miedo, y se escondió de Dios.
+ Diez espías tuvieron miedo, y no poseyeron la tierra.
+ Saúl tuvo miedo, y no derrotó a Goliat.
+ Pedro tuvo miedo, y se hundió en el agua.

Así como los personajes de estas historias, que por el miedo dejaron de lograr sus máximos resultados, el siervo de la parábola nunca multiplicó el dinero. Él tuvo los mismos retos que tuvieron los otros dos, enfrentó los mismos peligros que enfrentaban los otros dos, y tuvo las mismas oportunidades que tuvieron los otros dos, pero sus miedos eran más grandes que sus compromisos, y no le permitieron tomar acción para la multiplicación. Él prefirió esconder en la tierra todas sus oportunidades, y quedarse solamente con lo seguro. Las

LAS PERSONAS EXITOSAS NO SON LAS QUE NO EXPERIMENTAN TEMORES, SINO AQUELLAS QUE NO SE DEJAN DOMINAR POR ELLOS.

personas exitosas no son las que no experimentan temores, sino aquellas que no se dejan dominar por ellos.

Es importante saber que ahorrar y guardar no es todo lo que Dios quiere que hagamos respecto a nuestra salud financiera. Dios quiere que multipliquemos lo que Él nos da. Continuando con el ejemplo de los jóvenes que hemos venido desarrollando desde el capítulo anterior, después de haber tomado decisiones sabias para no fracasar, ellos deben moverse hacia adelante, e invertir lo que les queda en el balance restante. La intención más importante, al procurar un balance que sobre en un presupuesto, debe ser llevar ese dinero sobrante al nivel de la multiplicación. Los jóvenes se están absteniendo de ciertos gustos, y aún quizás sacrificando ciertas cosas, con ese objetivo.

Como recordaremos, ellos tienen un balance aproximado de $300.00 después de haber cumplido con todas las obligaciones. Ahora deben comenzar a estudiar sus opciones para multiplicar ese dinero. Guardarlo no tiene caso, porque ya ellos tienen una cuenta de ahorros como parte de sus obligaciones no negociables. Si bien es cierto que esto puede aumentarse, la idea es multiplicar y no solamente sumar. Para eso es el balance restante.

Guardar el dinero y no llevarlo a la multiplicación podría ser una señal de miedo al fracaso, lo cual, como hemos visto en la Parábola de Los Talentos, no agrada a Dios. El Señor espera que multipliquemos lo que nos ha dado, sea mucho o sea poco; sean cinco talentos o sea solamente uno. No es eso lo importante, sino mantener un estado mental determinado a multiplicar lo que Dios nos da.

Es bueno tomarnos unos momentos, y también reflexionar en los otros dos personajes que sí multiplicaron el dinero. Empecemos por decir que la tarea de multiplicar no es sencilla, pero sí es, ante todo, lo más natural que debe hacer todo ser humano. Fuimos creados para ese propósito e intención. En otras palabras, así nos hizo Dios. Las primeras palabras registradas en La Biblia para el ser humano fueron: *"fructificad y multiplicaos"* (Génesis 1:28). Es de esta poderosa bendición dada por Dios que concluimos que toda criatura con la imagen y semejanza de Dios tiende de forma natural a buscar la productividad y el progreso, a través de la multiplicación. Continuemos entonces con las enseñanzas que nos regala la parábola de los talentos de Mateo 25 respecto a los principios importantes que deben tomarse en cuenta para multiplicar, basados en los dos personajes de la parábola que sí lo hicieron.

e. El tiempo debe ser usado con sabiduría.

La Biblia dice que la multiplicación sucedió *"después de mucho tiempo".* Es importante destacar este factor porque la multiplicación no es algo que se logre de forma rápida o instantánea; siempre requiere tiempo, y muchas veces de mucho tiempo. Esto es sin negar la absoluta soberanía e inmenso poder de Dios para hacer conforme a Su voluntad.

Todo lo que un ser humano logra o deja de lograr está íntimamente vinculado con la forma en que usa su tiempo. Como siempre digo en mis seminarios, el tiempo es la moneda por la que intercambiamos lo que somos y lo que tenemos. Cabe señalar que los tres siervos de la parábola tuvieron el mismo

> **EL TIEMPO ES LA MONEDA POR LA QUE INTERCAMBIAMOS LO QUE SOMOS Y LO QUE TENEMOS.**

tiempo para multiplicar, pero los resultados no fueron iguales, porque los dos primeros lo usaron de una forma, y el último lo usó de otra.

La sabiduría nos llevará siempre a usar nuestras horas y minutos de forma productiva, sabiendo que no somos juzgados por los años que vivimos, sino por la forma en la que los usamos.

f. A la gente fiel, lo mucho siempre le llega con el tiempo.

Afanarse por mucho más no es correcto. En cambio, debemos enfocarnos, no en los resultados, sino más bien en ser y mantenernos fieles. Eso es lo que el Señor pide para poder promovernos. Lo mucho no es el resultado de un buen deseo solamente. Debe haber acciones consecuentes que nos lleven allí; y la fidelidad es una de esas acciones. Cuando actuamos con fidelidad, no solo estamos agradando al Autor de la abundancia que es Dios, sino que estamos enviando un mensaje sobre nuestro testimonio e integridad a todas las personas. Esto termina siendo un factor importante en la confianza, para que los demás puedan hacer negocios con nosotros.

La fidelidad también se manifiesta en la forma en que administramos nuestros bienes, en la que organizamos y respetamos nuestro presupuesto y, por supuesto, en la forma como administramos el tiempo para ser productivos y multiplicarnos.

g. El servicio es el ascensor de los fieles.

Jesús les llamó "siervos" a las personas que recibieron el dinero. Pero cuando arregló cuentas, ya no les llamó siervos solamente, sino que a unos les llamó "buenos siervos", y al otro le llamó "siervo malo y negligente". Es que cuando de multiplicar dinero se trata, el servicio es una de las columnas más importantes de ese proyecto. Porque siempre hará falta seres humanos llamados clientes, o agentes, o jefes, o empleados, o socios, que serán piezas claves para lograr los objetivos. Si algo hace que esas personas se sientan a gusto trabajando con otros es la forma en que los servimos y los tratamos.

A todos los seres humanos nos gusta que nos sirvan y nos atiendan. Somos capaces de pagar más con tal de obtener un buen servicio, o de conducir un par de kilómetros más con tal de ser atendidos en un lugar donde sabemos nos darán la atención que buscamos. Es por eso que las empresas que han logrado trascender financieramente son muy agresivas en el entrenamiento de su personal para servir a sus clientes. Tomemos como ejemplo las tiendas *Walmart*. Ellos tienen personas a quienes les pagan un salario solamente para que estén parados en la puerta sonriendo, dando la bienvenida o despidiendo, a todos los que entran y salen del local. Además, cada empleado tiene una identificación claramente visible que además de decir su nombre en letras grandes, también le hace la pregunta "¿En qué puedo ayudarle?". Son estos detalles, entre muchos otros, los que hacen que estas tiendas estén abiertas veinticuatro horas al día, y siempre llenas.

Servir a los demás, dijo Jesús, es lo que hace que la gente común se vuelva grande. Y si lo hacemos de corazón, los demás lo percibirán. Basado en esta eterna verdad, el pastor y líder afroamericano Martin Luther King dijo lo siguiente: "Todos podemos ser grandes, porque todos podemos servir".

h. Hágase amigo del optimismo.

Desarrollar un estado mental de fe y optimismo es fundamental para multiplicarnos. En la parábola de los talentos, vemos que todos recibieron lo mismo: "oportunidad de multiplicar". Pero el que no lo hizo fue debido a que tenía su mente llena de obstáculos y razones para tener miedo. A los otros dos, que sí multiplicaron el dinero, se les llamó "fieles" porque mantuvieron su mente y corazón alineados con la voluntad de su señor, que era la multiplicación. Trabajar con una mente resuelta y positiva es clave para ver la multiplicación. Siempre habrá peligros en el camino, cosas que asustan e invitan a las personas a no seguir intentándolo.

> UN ESTADO MENTAL DE FE Y OPTIMISMO ES FUNDAMENTAL PARA MULTIPLICARNOS.

Pero la fe en Dios, El que nos da los talentos y habilidades para la multiplicación, debe ser mayor a cualquier temor, quizás no en tamaño, pero sí en fuerza y determinación. Creo firmemente que a eso se refirió Jesús cuando enseñó que la fe, aunque sea del tamaño de una semilla de mostaza, puede mover montañas. El expresidente de Colombia, Álvaro Uribe Vélez, dijo: "Nosotros vemos en la confianza un medio de inversión, en la inversión una herramienta de crecimiento, y en el crecimiento una posibilidad de superar pobreza y construir equidad".

i. La diligencia siempre apunta a la prosperidad.

Es curioso, pero el que no multiplicó el dinero, ni siquiera hizo el pequeño esfuerzo de depositarlo en un banco, o pasárselo a otros que sí podían hacerlo. Por su parte, los otros dos que sí multiplicaron el dinero, dijeron a su señor: "He ganado". Eso implica competencia y esfuerzo para lograr una meta y resultados.

Ser diligente no significa únicamente trabajar mucho, sino hacerlo con la inteligencia adecuada para traer los resultados deseados. Hubo un día que Josué, líder de la nación de Israel, le llamó la atención a los judíos porque no habían conquistado la tierra, y utilizó precisamente el antónimo de la palabra diligencia para referirse a la actitud que no les permitía lograrlo:

> Y Josué dijo a los hijos de Israel: ¿Hasta cuándo seréis negligentes para venir a poseer la tierra que os ha dado Jehová el Dios de vuestros padres? (Josué 18:3).

Si algo deja claro este pasaje, es que la conquista demanda esfuerzo y diligencia. Levantarse un poco más temprano, acostarse un poco más tarde, llegar más temprano a una cita, o abrir más temprano un negocio son acciones diligentes que pueden desbloquear el acceso a la multiplicación.

LA CONQUISTA DEMANDA ESFUERZO Y DILIGENCIA.

j. Quien multiplica tiene derecho a más.

El Señor dijo que: *"al que tiene le será dado y tendrá más"*. Es importante saber que cuando dice *"al que tiene"* no se está refiriendo a tener dinero, sino a tener la capacidad de manejarlo con sabiduría. Porque todos tenían dinero, pero no todos tenían las mismas capacidades y disciplinas para poder multiplicarlo. Sin embargo, al que no lo multiplicó le fue quitado lo poco que tenía, y le fue dado al que tuvo más.

Tener más significa multiplicación. Es allí donde Dios quiere colocar a Sus hijos. Por eso en la parábola, el Señor le dijo a los dos que multiplicaron: *"en lo mucho te pondré, entra en el gozo de tu señor"*. Porque para el Señor, al igual que para cualquier padre, es un gozo ver a Sus hijos progresar a través de la multiplicación.

Hablemos ahora sobre las inversiones. A través de estas encontramos una forma rápida de multiplicar el dinero. Pero debemos comenzar por recordar que la forma más segura de invertir es usando el dinero que queda como sobrante en el balance, después de haber cumplido con todas las obligaciones. La razón por la que decimos que es la forma más segura es porque ese dinero que estamos invirtiendo no pone en riesgo la seguridad de nuestra familia, ni las obligaciones que tenemos por cumplir. Es por eso que reducir las obligaciones negociables se hace crucial para poder tener un mayor sobrante, y llevar el número de las inversiones a su más alto nivel posible.

Una inversión es todo aquello que podemos adquirir por un precio, y que podemos luego vender por un precio mayor que al que fue adquirido. En esta categoría entran propiedades de bienes raíces, obras de arte, joyas, objetos de valor, bonos, acciones, negocios, y cualquier otra cosa que se pueda adquirir en un precio menor, y luego ponerlo a un precio mayor en el mercado. Para ver el proceso de multiplicación de dinero en una inversión, continuemos con el ejemplo que conocemos, y veamos cómo pueden llevar su dinero sobrante a ser multiplicado.

Los jóvenes recién casados decidieron usar sabiamente su dinero, permitiendo un sobrante en el balance después de haber cumplido con todas sus obligaciones. Por supuesto que lograr eso no es fácil, pero sí se puede lograr a través de la disciplina, dándole prioridad a lo que en verdad la tiene. El sobrante en el balance que han logrado son $300.00 mensuales, y la idea es no integrarlo a sus gastos, sino colocarlo en instituciones que le devuelvan un retorno mayor en el menor tiempo posible. Eso se llama invertir.

El primer paso que deben dar los jóvenes para lograr la multiplicación es entrevistarse con un asesor de inversiones. Los asesores son personas conocedoras de los principios y procesos que se manejan en el mundo de las inversiones, que pueden ayudar a los que recién comienzan en este mercado, a evitar errores a la hora de invertir, y también a evitar caer en manos de empresas fraudulentas que pudieran aprovecharse de la falta de educación en el tema. El asesor guiará a los jóvenes a aquellas inversiones que son poco riesgosas, aunque de bajos retornos al principio. La idea es que en esta primera etapa, como inversionistas, puedan tener experiencias positivas que les ayuden a familiarizarse con las reglas y los procesos, hasta que se vuelvan expertos e independientes en el mercado.

Estrategias de inversión

Para ver el proceso de multiplicación de dinero en una inversión, veamos como ejemplo la adquisición de una propiedad.

Supongamos que usted compra un apartamento por $75.000.00. Una vez que pasa a su nombre, usted hace una inversión de $10.000.00 para ponerlo más elegante y habitable. Además, paga impuestos y seguro por la propiedad, lo cual pudiera representar $4.000.00 anuales. El siguiente paso sería rentarlo por un tiempo considerable, hasta que el valor de la propiedad haya aumentado. Si usted rentó el apartamento por $1.000.00 al mes por un período de tres años, en concepto de rentas habrá recibido $36.000.00. Si luego de los tres años se considera que la propiedad ha adquirido un valor de aproximadamente $100.000.00, usted habrá obtenido en ganancias unos $37.000.00. Esto es después de haber recuperado el dinero que invirtió, que representa un retorno de aproximadamente un 40% de la inversión. Si ese mismo proceso se puede repetir con dos o más propiedades al mismo tiempo, usted habrá entrado a un tiempo de multiplicación abundante.

Cuando algo se adquiere en un precio, y luego su valor tiende a reducirse con el tiempo (en el mercado se conoce como depreciación), no se le puede llamar inversión, porque las inversiones son aquellas transacciones que dejan ganancia con el tiempo. Algunas cosas que caen en la categoría de no inversión son: vehículos, ropa, artículos electrónicos, muebles, y algunas otras cosas que, aunque es muy importante tenerlas porque son necesarias en nuestra vida, su valor no necesariamente crece con el tiempo.

Si algo es muy importante a la hora de hacer inversiones es la sabiduría. El mismo Salomón nunca hizo una transacción financiera "antes" de haber subido al monte a pedir sabiduría, sino hasta "después" de que Dios se la diera. Por eso escribió lo siguiente: *"Los pensamientos del diligente ciertamente tienden a la abundancia; Mas todo el que se apresura alocadamente, de cierto va a la pobreza"* (Proverbios 21:5).

Todas las inversiones implican riesgos. No existe una inversión que garantice el cien por ciento de seguridad de un buen retorno. También es cierto que cuando utilizamos la prudencia, que es el arte de ver y analizar bien los pasos antes de darlos, los riesgos pueden reducirse en un alto porcentaje. Por ejemplo, si usted quiere hacer una inversión en una propiedad y comprarla, lo primero que debe hacerse en nombre de la prudencia y la sabiduría es buscar las comparables. Estos son los precios de otras propiedades con las mismas características (o muy semejantes) de la propiedad en consideración. Hay que asegurarse que el precio que le piden por la propiedad que está considerando comprar está de acuerdo con los precios a los que se han vendido propiedades similares en el mercado. Además, debe hacerse un estudio de título, o análisis profundo de deudas o demandas pendientes sobre esa propiedad. No olvide evaluar cuán rápido volverá el retorno o la ganancia a las manos del inversionista.

Los jóvenes que estamos usando como ejemplo ya han dado su primer paso, y ahora deben empezar con su recorrido a la multiplicación. Después de haber sido instruidos y debidamente asesorados, han decidido distribuir su capital en varios instrumentos.

1. Cuenta IRA: IRA son las siglas para Cuenta de Retiro Individual (en inglés, *Individual Retirement Account*). Es una forma de plan de retiro que permite a las personas depositar hasta un máximo de $3.000.00 anuales, los cuales son deducibles de las contribuciones sobre ingresos el año cuando se depositan. En el caso de la pareja, cada uno de ellos puede depositar en cuentas individuales ese máximo de $3.000.00. Las diferentes instituciones que ofrecen Cuentas IRA tienen diferentes incentivos adicionales, y diferentes tipos de IRA.

2. Fondos de inversión: Un fondo de inversión es un intermediario entre el inversionista, y el mercado en el que se desea invertir. Por ejemplo, un inversionista puede comprar directamente acciones en la Bolsa de Valores, o puede invertir en un fondo de inversión que compre acciones en la Bolsa. Los jóvenes decidieron poner también una parte en este tipo de programa, que les da la flexibilidad de retirar sus inversiones a corto plazo, según crean conveniente. A la vez, el dinero invertido está siendo manejado por expertos en la materia a cambio de una comisión que ellos retienen por su trabajo.

3. Bonos: Un bono es un documento o título que representa una promesa de pago, y tiene el objetivo de obtener financiamiento para el emisor. Los bonos pueden ser emitidos tanto por organismos, estados, o empresas. Quien emite el bono es llamado emisor, y se compromete a reintegrar el capital más los intereses en un período determinado. Quien compra un bono (quien hace la inversión) es llamado tenedor. Los jóvenes también decidieron usar parte de su capital de inversión en bonos del gobierno. Aquí el dinero permanecerá congelado por un período de tiempo previamente negociado, pero producirá ganancias en forma de intereses un poco más altas que otras inversiones que cuentan con un poco más de flexibilidad para retirar el dinero. Sin embargo, estos jóvenes no tienen ningún inconveniente en invertir una buena parte en estos programas, porque el dinero que están usando para hacer estas inversiones no está saliendo de sus obligaciones, y saben que estará generando retornos sustanciales con el tiempo.

4. Certificados de Depósito: Los certificados de depósito son títulos, resguardos o documentos entregados por un Banco como certificación o evidencia de una suma de dinero depositada en el mismo, a un plazo y un tipo de interés pre-acordados. Los certificados de depósito son conocidos habitualmente por las siglas CD. La diferencia entre un CD y un Bono es que los Bonos son generalmente emitidos por el gobierno, mientras que los CD son trabajados directamente por la banca privada. Además de las otras inversiones, los jóvenes deciden usar otra parte de su capital para comprar estos certificados que funcionan de forma parecida a una cuenta de ahorros. La diferencia es que el dinero que se deposita en un CD queda congelado durante el término de tiempo pre-acordado (3 meses, 6 meses, 1, 5 o 10 años). A más largo el plazo del CD, más alta será la tasa de interés que le pagarán. Si retira el CD antes del término acordado, debe pagar una penalidad de cancelación.

5. Inversiones en la Bolsa de Valores: "La Bolsa" es el nombre de una institución de la economía donde se desarrolla la venta y la compra de valores. La noción de Bolsa de Valores, por lo tanto, se refiere a dicha institución. Se trata de una organización que permite a sus integrantes desarrollar negociaciones para vender y comprar acciones de empresas, bonos y otros valores.

Los sabios jóvenes de nuestro ejemplo también usaron parte del dinero para abrir una cuenta que les permita invertir en la Bolsa, siendo esta la más riesgosa de todas las otras inversiones, pero la que puede generar muy buenos dividendos si es manejada con sabiduría y prudencia.

Después de algún tiempo, los jóvenes ya han logrado que aquellos $300.00 mensuales que les sobraba en el balance, se convirtieran en una cifra bastante grande. Al principio, distribuir $300.00 entre tantas inversiones no lucía significativo, pero con el tiempo, tomando en cuenta que no se hizo una sola vez, sino que mantuvieron la disciplina de hacer las inversiones todos los meses, aquellos $300.00 solo venían a sumarse a los miles que ya estaban invertidos; y fue así como se llegó a grandes cantidades.

Unos años después, decidieron llevar sus inversiones a nuevos niveles, como abrir una pequeña tienda que les permitía ver un flujo diario de dinero, y empezar a manejar sus horarios de forma más flexible. El tiempo siguió pasando y decidieron comprar y vender propiedades para aumentar las ganancias. De esta forma cuando llegaron al tiempo de retirarse, contaban con sustanciosas cifras de dinero en sus cuentas, y un seguro garantizado para sus generaciones. No era difícil llegar allí. Lo único difícil era comenzar con una disciplina firme para saber administrar el dinero con sabiduría, a lo cual todos tenemos acceso.

A manera de conclusión, debemos decir que las inversiones no son cien por ciento garantía de buenos retornos. Pero eso tampoco debe limitarlo para hacer crecer el dinero. Una sabia combinación de ahorros y diversos instrumentos de inversión lo protegerán de las fluctuaciones del mercado. Es bueno recordar las palabras del Señor a aquel siervo que no quiso invertir porque estaba lleno de temores: *"Por tanto, debías haber dado mi dinero a los banqueros, y al venir yo, hubiera recibido lo que es mío con los intereses"* (Mateo 25:27).

Los *"banqueros"* de la parábola representan las inversiones que se hacen en bonos que dejan un retorno mínimo, a cambio de ningún riesgo. Independientemente del tipo de inversión que usted decida hacer, nunca olvide que Dios nos da recursos con la intención de que tomemos una parte para honrarlo a Él, otra para guardar para el futuro, otra para cumplir con las obligaciones que nuestro estilo de vida demanda, y otra, que es el sobrante, para invertir y multiplicar. Cuando una persona logra sostener este estilo de vida por varios años, se le hace fácil descubrir que multiplicar el dinero no es complicado, y que los métodos recomendados por Dios son siempre buenos y seguros para llevar a Sus hijos a la abundancia y a la prosperidad prometida. Conformarse con menos no debe ser nunca una opción para nosotros que ya sabemos que tenemos un Dios que nos dice: *"En lo mucho te pondré".*

CAPÍTULO 8

EL BUEN CRÉDITO

ESFUÉRZATE POR MANTENER LAS APARIENCIAS,
QUE EL MUNDO TE ABRIRÁ CRÉDITO PARA TODO
LO DEMÁS. –SIR WINSTON CHURCHILL

Le decían "la negra", no por el color de su piel, ni por su procedencia nativa, sino porque en su casa siempre fue conocido como "la oveja negra". Este sobrenombre lo consiguió por sus múltiples desaciertos en su comportamiento. Cuando algo se quebraba en la casa, ya todos sabían a quién culpar; cuando se formaba una trifulca entre hermanos, ya se sabía quién la había comenzado. Fue así como aquel muchacho (sí, a pesar de que le decían la negra era masculino) logró acarrear su fama desde su niñez hasta su edad adulta, porque aunque el tiempo transcurrió, su comportamiento seguía siendo lamentable.

En su barrio siempre estuvo envuelto en problemas. Estuvo varias veces en la cárcel, y cuando había un pleito violento, por alguna razón, su nombre siempre aparecía involucrado. Lo que es aún más triste de esta historia es que este joven, aunque trató de cambiar algunas veces, no encontró apoyo en su familia, ni en sus amistades, ni en las instituciones reformatorias; porque aun las autoridades desconfiaban de él. El tiempo pasó, pero su reputación siguió siendo la de un personaje que siempre causaba problemas.

La historia de este joven está muy relacionada con la de muchas personas que quieren prosperar, pero han descuidado su historial de crédito. Estas personas no han tomado en cuenta la poderosa afirmación que hizo hace muchos años el hombre más rico del mundo, llamado Salomón, cuando dijo:

> De más estima es el buen nombre que las muchas riquezas, Y la buena fama más que la plata y el oro (Proverbios 22:1).

Lo que nos está diciendo el sabio Salomón en este pasaje es que sin una buena reputación, ni la plata, ni el oro, o aun las muchas riquezas nos pueden ayudar, porque en algún momento necesitaremos de la confianza de las personas o las instituciones. Como decía el antiguo poeta griego Hesíodo: "Una mala reputación es una carga, ligera de levantar, pesada de llevar, difícil de descargar".

Así es como funciona el crédito; es un sistema basado en la reputación y la buena fama. Cuando de prosperar financieramente se trata, es una llave muy importante para abrirnos puertas, y poder trabajar con el apoyo de bancos y prestamistas que nos permiten contar con los recursos

EL CRÉDITO ES UN SISTEMA BASADO EN LA REPUTACIÓN Y LA BUENA FAMA.

para avanzar, a cambio de un serio compromiso de pago. En la mayoría de los casos, incluye un interés que siempre y cuando exista una buena reputación, puede ser negociable.

Dios y Su nombre

Entender todo esto podría ser un poco complicado, pero si lo tomamos desde un ángulo bíblico, veremos cómo Dios nos manda a mantener y cuidar nuestro testimonio porque somos imagen y semejanza de Él. Él mismo siempre protegió Su nombre y testimonio.

+ Él siempre cumple lo que promete.
+ Él nunca miente.
+ Él no se arrepiente; una vez que dijo algo, no se retracta.
+ Todas Sus palabras son veraces.
+ Él recompensa bien a los que le sirven.
+ Él sostiene a los que en Él confían.
+ Todo el que confiesa Su nombre es salvo.
+ Cuando alguien clama, Él siempre responde.
+ Él atiende a los que le buscan de corazón.
+ El sol sale cada mañana.

Y aún podemos seguir mencionando muchas promesas y palabras que tienen su fiel cumplimiento. Por eso Él nos dice: *"El cielo y la tierra pasarán, pero mis palabras no pasarán"* (Mateo 24:35).

Las palabras que salen de la boca de Dios pueden ser tomadas literalmente como un pacto, debido a que jamás cambian y siempre se cumplen. Aunque alguien le falle a Dios,
eso no lo hace cambiar a Él. Siempre se mantiene fiel aunque otros no quieran serlo. Es así porque Él es muy celoso
con Su nombre y Su reputación. La Biblia dice:

> *Y cuando llegaron a las naciones adonde fueron, profanaron
> mi santo nombre, diciéndose de ellos: Estos son pueblo de
> Jehová, y de la tierra de él han salido. Pero he tenido dolor
> al ver mi santo nombre profanado por la casa de Israel entre
> las naciones adonde fueron. Por tanto, di a la casa de Israel:
> Así ha dicho Jehová el Señor: No lo hago por vosotros, oh
> casa de Israel, sino por causa de mi santo nombre, el cual
> profanasteis vosotros entre las naciones adonde habéis lle-
> gado. Y santificaré mi grande nombre, profanado entre las
> naciones, el cual profanasteis vosotros en medio de ellas; y
> sabrán las naciones que yo soy Jehová, dice Jehová el Señor,
> cuando sea santificado en vosotros delante de sus ojos. Y yo
> os tomaré de las naciones, y os recogeré de todas las tierras,
> y os traeré a vuestro país. Esparciré sobre vosotros agua lim-
> pia, y seréis limpiados de todas vuestras inmundicias; y de
> todos vuestros ídolos os limpiaré. Os daré corazón nuevo,
> y pondré espíritu nuevo dentro de vosotros; y quitaré de
> vuestra carne el corazón de piedra, y os daré un corazón
> de carne (Ezequiel 36:20–26).*

Dios nos perdona, nos limpia, nos ayuda, y nos bendice,
no solo porque nos ama, sino también porque Él ama Su
Nombre, y no quiere que sea deshonrado. Dios también
espera que nosotros seamos celosos con cuidar nuestro

nombre porque somos Su imagen y semejanza en la tierra. En otras palabras, representamos a Dios en lo que hacemos y como nos comportamos.

El nombre

El nombre es básicamente lo que identifica a una persona. Es el "yo soy" de alguien, evoca su reputación, es lo que lo hace diferenciarnos entre los demás, y lo que anuncia su presencia en un sitio. Esto y mucho más es el nombre. Pero en los tiempos bíblicos, el nombre tenía un énfasis aún mayor porque definía a las personas, de tal modo que un nombre como el del patriarca Jacob anunciaba sus dudosas virtudes, y un nombre como el de Eva anunciaba su posición de gestora de vida para los seres humanos. Así es como nace la importancia de cuidar el nombre a través de nuestros compromisos adquiridos, porque toda la fama y reputación pesa sobre eso. Dios nos ordena lo siguiente en Su Palabra:

> Cuando alguno hiciere voto a Jehová, o hiciere juramento ligando su alma con obligación, no quebrantará su palabra; hará conforme a todo lo que salió de su boca (Números 30:2).

Una vez que una persona hace un compromiso verbal o escrito, ya sea con Dios, con otro ser humano o con alguna institución, Dios dice que su alma está ligada con obligación a cumplirlo. Si no lo hacemos, entonces nuestro nombre, que es nuestra reputación, se ve afectado negativamente. Esto debe tomarse muy en serio porque Dios no toma a la ligera los votos o compromisos. La Biblia dice:

> *Cuando fueres a la casa de Dios, guarda tu pie; y acércate más para oír que para ofrecer el sacrificio de los necios; porque no saben que hacen mal. No te des prisa con tu boca, ni tu corazón se apresure a proferir palabra delante de Dios; porque Dios está en el cielo, y tú sobre la tierra; por tanto, sean pocas tus palabras. Porque de la mucha ocupación viene el sueño, y de la multitud de las palabras la voz del necio. Cuando a Dios haces promesa, no tardes en cumplirla; porque él no se complace en los insensatos. Cumple lo que prometes. Mejor es que no prometas, y no que prometas y no cumplas. No dejes que tu boca te haga pecar, ni digas delante del ángel, que fue ignorancia. ¿Por qué harás que Dios se enoje a causa de tu voz, y que destruya la obra de tus manos?* (Eclesiastés 5:1–6).

Alguien me contó de un juez que había ganado una elección para un cargo en un condado. Durante su discurso de aceptación, dijo: «Quiero dar las gracias a las 424 personas que prometieron votar por mí. Quiero dar las gracias a las 316 personas que dijeron que votaron por mí. Quiero dar las gracias a las 47 personas que vinieron el pasado jueves a votar, y quiero agradecer a las 27 que realmente votaron por mí».

Yo aún recuerdo algunas ocasiones durante mi infancia, haber oído a mi papá conversar con algún otro adulto, y terminar la conversación diciendo: "Te doy mi palabra de honor". Eso valía, no hacía falta firmar documentos, ni traer testigos. Con un apretón de manos y entregar la palabra con el énfasis del honor involucrado era más que suficiente para cerrar un acuerdo y confiar en las personas. Lamentablemente hoy vivimos en tiempos donde las personas toman muy a la ligera los compromisos, la tasa de divorcio va en aumento, y la palabra de las personas pareciera no ser suficiente para creer en ellas. Dios quiere que Sus hijos seamos diferentes. Jesús nos dijo: "*que vuestro sí sea sí y que vuestro no sea no*" (Santiago 5:12). En otras palabras, si hacemos un compromiso debemos estar enteramente dispuestos a cumplirlo por causa de nuestro nombre y reputación.

Historia del crédito

La palabra crédito proviene del latín **credititus** (sustantivación del verbo *credere*: creer), y significa "cosa confiada". Así "crédito" en su origen significa, entre otras cosas, confiar o tener confianza. La forma en que funciona es que obtenemos algún bien a cambio de una promesa de pago, con algún interés a favor del prestamista. Los historiadores no terminan de ponerse de acuerdo sobre cuándo fue que exactamente comenzó a utilizarse el sistema de créditos. Sin embargo, es de entenderse que este surgió como una solución para ayudar a personas que necesitan dinero en efectivo, o aquello que pueden obtener con este recurso.

Algo que sí sabemos es la historia de cómo surge la primera tarjeta de crédito, que fue inventada por Alfred

Bloomingdale y Frank McNamara en el 1950. Todo comenzó cuando estaban disfrutando de una comida en un restaurante, y al llegar la hora de pagar la comida, se dieron cuenta de que no tenían suficiente dinero en efectivo. McNamara tuvo que llamar a su esposa para que trajera los dólares que le hacían falta para cubrir los gastos. Aquella embarazosa situación hizo que comenzaran a idear una red de varios restaurantes para evitar la preocupación de cargar con dinero en efectivo, y fue así como surgió Diners' Club, la primera compañía de tarjetas de crédito.

Las personas que en aquel entonces las usaban eran hombres de negocios y millonarios, pero para el año 1958, Joe Williams, gerente de Bank of America, decidió entregar 60 mil tarjetas de crédito a 60 mil habitantes de Fresno, California. Las personas comenzaron a utilizarlas, y al segundo año de tenerlas, ya se habían gastado más de 59 millones de dólares. A partir de ese momento el tema de comprar e invertir fue revolucionado a través de ese sistema, y las personas ya no necesitaron tener dinero efectivo en su bolsillo y más adelante ni siquiera en su banco, para poder adquirir sus bienes. Esto fue algo muy positivo. Sin embargo, andando el tiempo no todas las personas pudieron sostener su compromiso de enviar sus pagos a tiempo, su reputación se dañó, y como consecuencia se les cerró el acceso a obtener crédito de instituciones.

La importancia del buen crédito

No todas las personas entienden lo importante que es mantener una buena reputación ante las compañías financieras. Para poder explicarlo hay que comenzar hablando sobre lo que es y lo que significa. Es bueno entender que todo el sistema de crédito está basado en el dinero. En economía teórica, dinero sirve para cuatro funciones específicas:

a. Sirve como medio de intercambio universal aceptado por servicios y adquisiciones.

b. Para medir el valor de algo, y hacer posible la operación del sistema de precios y el cálculo del costo y pérdida.

c. Sirve para hacer pagos.

d. Es la unidad en la cual los préstamos son hechos, y futuras transacciones son establecidas.

e. Es un medio de almacenar riquezas que no serán usadas inmediatamente.

¿Qué significa todo esto?

Significa que para poder subsistir en la vida necesitamos dinero, ya sea para adquirir los bienes indispensables para sustentar a nuestras familias, o para el sostenimiento de ministerios y obras sociales, o para la necesidad básica de alimentarnos y abrigarnos. Necesitamos dinero para todo.

¿Qué tiene que ver esto con el crédito?

Cuando una persona no tiene dinero líquido en su bolsillo, como fue el caso de Alfred Bloomingdale y Frank McNamara, tiene que recurrir a solicitar crédito. Esa persona puede suplir su necesidad, y a cambio firmar un compromiso de pago futuro. De este modo los consumidores pueden obtener las cosas necesarias, y los proveedores pueden mantener circulando sus productos.

Cuando un consumidor cumple con su compromiso de pago, ese gesto le establece como una persona responsable, y su reputación ante la institución con la que firmó el compromiso comienza a crecer. Dicha empresa, al considerar esta conducta responsable, generalmente le extiende sus límites de crédito. A esto se le llama "línea de crédito". Significa que el consumidor, mientras se mantenga siendo responsable, puede seguir obteniendo las cosas que quiere o necesita, y aún llegar al punto de utilizar esta línea de crédito para hacer inversiones que puedan generar un retorno mayor al interés acordado con la institución que le facilita el crédito.

Todo esto suena sumamente interesante, porque esta fue la intención con que se estableció el sistema. Pero todo cambia cuando el consumidor que adquirió el compromiso de pagar deja de cumplir. Entonces la institución, después de perder la confianza en ese cliente, envía un reporte a las agencias que se encargan de computar la reputación crediticia de los consumidores. Una vez que esto ocurre, la persona que perdió su línea de crédito corre el riesgo de verse en una posición difícil. Si en algún momento desea hacer una inversión o quizás simplemente necesita obtener algún artículo de primera necesidad, pero no tiene el dinero líquido en su bolsillo en ese instante, no podrá obtener lo que busca porque las puertas de los acreedores estarán cerradas debido a su pobre reputación en el sistema de crédito. Así se pone en riesgo el futuro financiero de esta persona, y quizás la seguridad o estabilidad de su familia.

Las estadísticas en cuanto a las deudas del consumidor en Estados Unidos son sumamente alarmantes.[7] Para mayo del 2011 eran de $2.43 trillones, y a esto hay que sumarle que 26% de los estadounidenses admiten que no pagan sus cuentas a tiempo.

+ El total de personas que se declararon en bancarrota alcanzó 1.4 millones en el 2009.

+ La deuda total del consumidor por hogar es de un promedio de $16,046 (comparado con $35,245 antes de la crisis económica del 2008).

+ La deuda total de tarjetas de crédito por hogar todavía alcanza un promedio de $54,000 (por debajo del total del 2008, el cual fue $93,850).

---

7. Consultado en línea www.creditcards.com; http://www.federalreserve.gov/releases/g19/current/default.htm

+ Los consumidores jóvenes que viven en Estados Unidos que tienen entre 25-34 años, tienen la segunda tasa más alta de bancarrota después de los consumidores que tienen entre 35-44. Eso indica que cuanto más joven sea la persona, más difícil es su situación financiera.

+ El promedio de estudiantes se gradúan de la universidad con una deuda de $20,000.

+ Aproximadamente 1 de cada 5 estadounidenses de entre 18 a 24 años consideran que "tienen dificultades con sus deudas".

+ Antes de la crisis económica, el 14.7% de las familias estadounidenses tuvieron deudas superiores al 40% de sus ingresos.

Todo esto nos habla de la necesidad de educación financiera que necesitan tanto el consumidor estadounidense como el hispanoamericano, desde el momento cuando empiezan a recibir dinero. Es urgente recuperar la conciencia de usar el crédito debidamente para no afectar nuestra reputación y nuestro nombre. A veces lo más preferible sería una restructuración financiera drástica que nos lleve a no utilizar el crédito del todo por un tiempo, hasta sanar la situación.

En Su Palabra, la posición en la que Dios proyecta a Sus hijos que le obedecen y le temen, es una como la de personas que tienen la capacidad financiera para no vivir endeudados

y mantener una reputación crediticia excelente. La Biblia
dice:

> Y verán todos los pueblos de la tierra que el nombre de Je-
> hová es invocado sobre ti, y te temerán. Y te hará Jehová
> sobreabundar en bienes, en el fruto de tu vientre, en el fruto
> de tu bestia, y en el fruto de tu tierra, en el país que Jeho-
> vá juró a tus padres que te había de dar. Te abrirá Jeho-
> vá su buen tesoro, el cielo, para enviar la lluvia a tu tie-
> rra en su tiempo, y para bendecir toda obra de tus manos.
> Y prestarás a muchas naciones, y tú no pedirás prestado
> (Deuteronomio 28:10-12).

EPÍLOGO

Todos los seres humanos nacemos con un instinto natural hacia el progreso. El hecho de que usted haya llegado al final de este libro, confirma esta gran verdad. Debemos añadir a eso que el expreso deseo de Dios es ver a Sus hijos prosperar. Pero no podemos olvidar que prosperar es mucho más que multiplicar dinero. Hay quienes saben multiplicar el dinero, pero no son felices con él. Prosperar es mucho más que comprar o construir una casa, porque hay quienes logran comprar su casa, pero no tienen la paz para disfrutarla. La prosperidad y el verdadero éxito demandan sabiduría, porque ella no solamente nos da las herramientas para cumplir las metas, sino que nos da la capacidad para disfrutarlas y ser felices con las cosas logradas.

La sabiduría es esa llave que abre todas las puertas al verdadero éxito, porque afecta directamente los pensamientos de los seres humanos y la forma en que estos son procesados y ejecutados. La sabiduría no solamente busca el conocimiento para desalojar la ignorancia, sino que trabaja con los tiempos y las formas en que el conocimiento debe ser aplicado. La sabiduría nos ayuda a organizar el conocimiento para ser expresado verbalmente de una forma efectiva, lo cual nos conduce a ser exitosos en todo tipo de relaciones. Cuando un ser humano experimenta un encuentro con la sabiduría, y todos estos cambios ocurren es su vida, es inevitable que se vuelva exitoso. Recordemos que Salomón, aunque en sus comienzos no se encontraba en una posición ventajosa, una vez que recibió sabiduría de parte de Dios, su prosperidad se volvió evidente.

Ella abre el camino para nuevos niveles, independientemente de los que ya se hayan alcanzado. Es por eso que Salomón no solo edificó su casa, sino también edificó el templo más majestuoso que jamás se haya construido. Después de eso llevó a los ciudadanos de su país a convertirse en una generación sumamente sólida en la parte financiera, y también levantó el imperio financiero más extravagante que la raza humana ha registrado en su historia. Porque así es la sabiduría, te lleva de la mano en una sola dirección, hacia arriba, superando niveles ya alcanzados, y conquistando nuevas alturas con éxito.

La buena noticia es que Dios está más que dispuesto a añadir sabiduría a quienes así lo demanden. La Biblia dice:

> Y si alguno de vosotros tiene falta de sabiduría, pídala a Dios, el cual da a todos abundantemente y sin reproche, y le será dada (Santiago 1:5).

Como todo padre, Dios que es nuestro Padre Celestial, desea ver a Sus hijos crecer con sabiduría. Lo que debemos resaltar es que no depende de cuánto Dios quiera darla, sino de cuán dispuestos estamos nosotros a buscarla. Él la da a quienes "la piden". Es decir, que la sabiduría debe ser procurada antes de ser alcanzada. Debe haber una intención seguida por una acción que nos lleve a buscarla, pedirla y reclamarla.

Este libro no es suficiente para decir todo lo que se tiene que decir sobre el tema de la sabiduría para prosperar. El tema es muy amplio para explicarlo en solamente unos capítulos, sobre todo cuando entendemos que la sabiduría tiende a quebrar aquellas limitaciones internas que mantienen a los hombres alejados del progreso. La transformación hacia la sabiduría es un proceso profundo y detallado que exige nuestra más urgente y continua dedicación. Solo estamos empezando.

Es por eso, amado lector, que al llegar al final de este libro, me gustaría hacerle la invitación a emprender con entusiasmo el camino de la constante búsqueda de la sabiduría. Le motivo a mantenerse hambriento por seguir aprendiendo. Benjamín Franklin, quien ostenta el título de padre y fundador de los Estados Unidos de Norte América, llegó a decir "vacía tu bolsillo en tu mente, y tu mente llenará tu bolsillo", refiriéndose a la actitud hacia la lectura y al estudio que debe tener toda persona que quiere prosperar en la vida. Así lo hizo Salomón y le funcionó muy bien. Una vez que descubrió los beneficios de la sabiduría, se convirtió en un incansable buscador de esta.

La pareja de jóvenes que hemos usado como ejemplo en algunos últimos capítulos de este libro, no ha concluido su viaje hacia el éxito. Todavía hay sueños por lograr y metas qué alcanzar. Sus primeros pasos, como hemos visto, fueron muy acertados para evitar caer en el penoso estado de tener que trabajar solamente para subsistir. Más bien tomaron medidas alineadas a la sabiduría, que les llevó a entrar en los inicios del proceso de la multiplicación financiera.

Ahora que han entrado en esta maravillosa carrera, ellos no quieren estacionarse donde han llegado. Saben que hay mucho más que pueden alcanzar, y quieren hacer todo lo posible por lograrlo. Esas nuevas etapas demandarán nuevos conocimientos, más y mejores estrategias que deben ser adquiridas, nuevas habilidades de liderazgo que deben ser aprendidas para poder mantenerse progresando constantemente en el mundo de los negocios, y muchas cosas más que trae consigo este maravilloso camino de la sabiduría financiera. Ellos están determinados. Han desarrollado una actitud que no es fácil de quebrar, y los veremos avanzar hasta lograrlo. Le invito a no perderse, en nuestros próximos libros, las nuevas aventuras a las que se verán expuestos estos jóvenes. Una historia emocionante, que muy fácilmente podría terminar siendo su propia historia.